MEU PAI MORREU! E AGORA?
A HERANÇA PATRIMONIALISTA NO PROCESSO SUCESSÓRIO DE EMPRESAS FAMILIARES DO BRASIL

Editora Appris Ltda.
1.ª Edição - Copyright© 2024 dos autores
Direitos de Edição Reservados à Editora Appris Ltda.

Nenhuma parte desta obra poderá ser utilizada indevidamente, sem estar de acordo com a Lei nº 9.610/98. Se incorreções forem encontradas, serão de exclusiva responsabilidade de seus organizadores. Foi realizado o Depósito Legal na Fundação Biblioteca Nacional, de acordo com as Leis nos 10.994, de 14/12/2004, e 12.192, de 14/01/2010.

Catalogação na Fonte
Elaborado por: Josefina A. S. Guedes
Bibliotecária CRB 9/870

F224m 2024	Faria, Celso Bruno 　　Meu pai morreu! E agora?: a herança patrimonialista no processo sucessório de empresas familiares do Brasil / Celso Bruno Faria; Shirley Vieira Freitas Faria e André Luis Soares Smarra (orgs.). – 1. ed. – Curitiba: Appris, 2024. 　　82 p. : il. ; 21 cm. – (Coleção Ciências Sociais). 　　Inclui referências. 　　ISBN 978-65-250-6376-8 　　1. Herança e sucessão. 2. Empresas familiares. 3. Família. I. Faria, Celso Bruno. II. Faria, Shirley Vieira Freitas. III. Smarra, André Luis Soares. IV. Título. V. Série. 　　　　　　　　　　　　　　　　　　　　　　　　　CDD – 346.05

Livro de acordo com a normalização técnica da ABNT

Appris editora

Editora e Livraria Appris Ltda.
Av. Manoel Ribas, 2265 – Mercês
Curitiba/PR – CEP: 80810-002
Tel. (41) 3156 - 4731
www.editoraappris.com.br

Printed in Brazil
Impresso no Brasil

Celso Bruno Faria
Shirley Vieira Freitas Faria (org.)
André Luis Soares Smarra (org.)

MEU PAI MORREU! E AGORA?
A HERANÇA PATRIMONIALISTA NO PROCESSO SUCESSÓRIO DE EMPRESAS FAMILIARES DO BRASIL

Appris editora

Curitiba, PR
2024

FICHA TÉCNICA

EDITORIAL Augusto Coelho
Sara C. de Andrade Coelho

COMITÊ EDITORIAL Ana El Achkar (Universo/RJ)
Andréa Barbosa Gouveia (UFPR)
Antonio Evangelista de Souza Netto (PUC-SP)
Belinda Cunha (UFPB)
Délton Winter de Carvalho (FMP)
Edson da Silva (UFVJM)
Eliete Correia dos Santos (UEPB)
Erineu Foerste (UFES)
Erineu Foerste (Ufes)
Fabiano Santos (UERJ-IESP)
Francinete Fernandes de Sousa (UEPB)
Francisco Carlos Duarte (PUCPR)
Francisco de Assis (Fiam-Faam-SP-Brasil)
Gláucia Figueiredo (UNIPAMPA/ UDELAR)
Jacques de Lima Ferreira (UNOESC)
Jean Carlos Gonçalves (UFPR)
José Wálter Nunes (UnB)
Junia de Vilhena (PUC-RIO)
Lucas Mesquita (UNILA)
Márcia Gonçalves (Unitau)
Maria Aparecida Barbosa (USP)
Maria Margarida de Andrade (Umack)
Marilda A. Behrens (PUCPR)
Marília Andrade Torales Campos (UFPR)
Marli Caetano
Patrícia L. Torres (PUCPR)
Paula Costa Mosca Macedo (UNIFESP)
Ramon Blanco (UNILA)
Roberta Ecleide Kelly (NEPE)
Roque Ismael da Costa Güllich (UFFS)
Sergio Gomes (UFRJ)
Tiago Gagliano Pinto Alberto (PUCPR)
Toni Reis (UP)
Valdomiro de Oliveira (UFPR)

SUPERVISOR DA PRODUÇÃO Renata Cristina Lopes Miccelli
PRODUÇÃO EDITORIAL Adrielli de Almeida
REVISÃO Stephanie Ferreira Lima
DIAGRAMAÇÃO Ana Beatriz Fonseca
CAPA Carlos Pereira
REVISÃO DE PROVA Bruna Santos

COMITÊ CIENTÍFICO DA COLEÇÃO CIÊNCIAS SOCIAIS

DIREÇÃO CIENTÍFICA Fabiano Santos (UERJ-IESP)

CONSULTORES
Alícia Ferreira Gonçalves (UFPB)
Artur Perrusi (UFPB)
Carlos Xavier de Azevedo Netto (UFPB)
Charles Pessanha (UFRJ)
Flávio Munhoz Sofiati (UFG)
Elisandro Pires Frigo (UFPR-Palotina)
Gabriel Augusto Miranda Setti (UnB)
Helcimara de Souza Telles (UFMG)
Iraneide Soares da Silva (UFC-UFPI)
João Feres Junior (Uerj)
Jordão Horta Nunes (UFG)
José Henrique Artigas de Godoy (UFPB)
Josilene Pinheiro Mariz (UFCG)
Leticia Andrade (UEMS)
Luiz Gonzaga Teixeira (USP)
Marcelo Almeida Peloggio (UFC)
Maurício Novaes Souza (IF Sudeste-MG)
Michelle Sato Frigo (UFPR-Palotina)
Revalino Freitas (UFG)
Simone Wolff (UEL)

Para Celso Bruno Faria, (in memoriam).
Obrigada por ter sido uma fonte constante de inspiração e apoio.
Este livro é dedicado a você com gratidão,

Shirley Vieira Freitas Faria.

AGRADECIMENTOS

A Deus, o que seria de mim sem a fé que tenho Nele.

À minha família, em especial à minha amada mulher, Shirley, que, com muito carinho e apoio, não mediu esforços para que eu chegasse até esta etapa de minha vida.

Às Prof.ª Dr.ª Rejane Prevot e Dr.ª Marta Dalbem, que apoiaram e sinalizaram fatos relevantes a serem aprimorados neste livro.

Em especial, ao professor e orientador Dr. Fabio Vizeu, pela paciência e carinho na orientação e incentivo que tornaram possível em tempo hábil a conclusão desta obra.

APRESENTAÇÃO

É com profunda emoção que lhes apresento esta obra sobre um tema tão significativo e desafiador, **a sucessão familiar**. Antes de mergulharmos nos *insights* e orientações contidos neste livro, é importante reconhecermos o legado deixado pelo autor, Celso Bruno Faria, que infelizmente nos deixou antes de testemunhar a publicação desta obra.

O sonho do meu marido era escrever um livro. Um dia, Celso chegou e falou para mim que já sabia o nome do livro – *Meu pai morreu! E agora?*. Esse nome se referia a história dele com seu pai, Celso Soares Faria (*in memoriam*). Mas, em 5 de maio de 2021, as sequelas da Covid-19 levaram Celso Bruno Faria embora, para a eternidade, não deixando ele realizar a sua vontade. Então, resolvi homenageá-lo, não deixando esse sonho ir embora junto com ele.

Que sua memória continue a inspirar a busca pela excelência, o cuidado com o próximo e a valorização daqueles que amamos.

Um profissional exemplar e uma alma generosa em compartilhar seus conhecimentos. Sua atuação acadêmica na graduação, pós-graduação, na coordenação de projetos de extensão e diretoria acadêmica, e como colega de trabalho, destacou-se pelo profissionalismo ímpar. O Prof. Celso Bruno não apenas buscava a excelência, mas também se dedicava incansavelmente ao desenvolvimento pessoal de seus alunos e colegas. Sua abordagem atenciosa e inspiradora deixou uma marca duradoura na comunidade acadêmica.

A sucessão familiar é um processo complexo e, muitas vezes, emocional que tem implicações profundas não apenas para os negócios, mas também para as famílias por trás deles. Este livro busca fornecer orientações práticas e *insights* valiosos para aqueles que enfrentam o desafio de passar o bastão para a próxima geração e garantir a continuidade e o sucesso de suas empresas familiares.

Este livro é dedicado a todos os que buscam orientações e apoio durante o desafiador processo de sucessão familiar. Embora o autor não esteja mais conosco para testemunhar a publicação desta obra, suas palavras e ideias continuam vivas nestas páginas, oferecendo orientação e inspiração para as gerações presentes e futuras.

Que este livro seja uma fonte de conhecimento e conforto para todos os que o leem, e que o legado do autor perdure por meio das lições compartilhadas aqui.

Shirley Vieira Freitas Faria

SUMÁRIO

1 INTRODUÇÃO 13

2 REFERENCIAL TEÓRICO 17
    2.1 GESTÃO ORGANIZACIONAL BRASILEIRA 18
        2.1.1 Raízes históricas da gestão brasileira 19
        2.1.2 Patrimonialismo e patriarcalismo 23
    2.2 SUCESSÃO EM EMPRESAS FAMILIARES 26
        2.2.1 Modelos teóricos do processo de sucessão em empresas familiares 26
        2.2.2 A orientação profissional no processo de sucessão em empresas familiares 34
        2.2.3 A sucessão de empresas brasileiras sob o prisma da herança patrimonialista 39

3 PROCEDIMENTOS METODOLÓGICOS 47
    3.1 DELINEAMENTO DE PESQUISA 47
    3.2 PROCEDIMENTOS DE COLETA DE DADOS 50
    3.3 PROCEDIMENTOS DE ANÁLISE DE DADOS 53

4 APRESENTAÇÃO E ANÁLISE DE RESULTADOS 57
    4.1 CRITÉRIOS DA ESCOLHA DO SUCESSOR 57
    4.2 BASE DAS RELAÇÕES 61
    4.3 CARACTERÍSTICAS DO PROCESSO SUCESSÓRIO 64
    4.4 VALORES E PRINCÍPIOS NORTEADORES 68

CONCLUSÃO 73

REFERÊNCIAS 77

INTRODUÇÃO

O tema sucessão de empresas familiares no Brasil tem sido alvo de muitos estudos, pesquisas e artigos acadêmicos, face à importância dessa questão na realidade organizacional brasileira. Seja nos meios acadêmicos ou profissionais, esse tipo de empresa tem sido reconhecido como de grande importância social e econômica no país, em função de sua representatividade e impacto nas organizações. Além de envolverem aspectos profundos de relações familiares complexas, estudos sobre empresas familiares costumam envolver aspectos emocionais e psicológicos que fogem ao escopo da racionalidade administrativa.

Tem-se conhecimento de que aproximadamente 80% das empresas existentes no mundo são familiares. Segundo o artigo de Lima, Borges e Carvalho (2007), os 300 maiores grupos de expressão empresarial no Brasil são administrados pela família. No Brasil, existem mais de 3,5 milhões de organizações familiares, a grande maioria de pequeno e médio porte. Os autores informam ainda que o ciclo de vida dessas organizações é de aproximadamente nove anos, apenas 30% alcançam a segunda geração e 9% a terceira.

Nesse cenário, as empresas mais expostas ao problema da sucessão são as de pequeno e médio porte, tendo em vista sua fragilidade competitiva. Outro fator que condiciona o processo sucessório em empresas familiares é o fato de que, geralmente, as questões de transmissão de capital e poder ocorrem simultaneamente, dificultando a transição da gestão empresarial.

Empresas de maior porte também são impactadas pela sucessão, porém, nesses casos, estima-se que o processo sucessório seja menos difícil, tendo em vista a maior probabilidade de o mesmo ocorrer sob a tutela de uma administração profissional e de forma planejada, evitando-se riscos e o comprometimento da credibilidade dessas organizações no mercado financeiro. Nesse sentido, deve-se considerar que a sucessão envolve muitos detalhes, sendo que um dos aspectos principais deste processo é a preparação e a qualificação dos possíveis sucessores.

Assim sendo, ao se considerar o processo sucessório em empresas familiares é preciso identificar peculiaridades que as diferenciam das demais organizações em que não existem vínculos familiares. A literatura especializada aponta que o problema da sucessão deve ser tratado, levando-se em conta a racionalidade gerencial, em que se implementa a sucessão por meio de um adequado processo de planejamento, considerando-se a profissionalização e preparação do sucessor, conforme os autores Lima, Borges e Carvalho (2007), Junquilho *et al.* (2007), Grzybovski, Hoffmann e Muhl (2008), Mussi, Teixeira e Massukado (2008), Borges, Carvalho e Lima (2008), Borges e Lima (2009), Cançado *et al.* (2011), Pereira, Roscoe e Vieira (2012), Borges e Lescura (2012), Ferreira, Lourenço e Oliveira (2010), Albuquerque *et al.* (2010) e Andrade, Antonialli e Lima (2006) sinalizam. Por outro lado, também devem ser observadas algumas tensões na transição sucessória das empresas familiares, por exemplo, as disputas pelo patrimônio e pela sociedade, o conflito de gerações e outras formas de disputas entre os membros da família.

Nesse sentido, o presente estudo procurou abordar essa questão, identificando a complexa rede de significações que circundam o processo sucessório em empresas familiares no Brasil.

Para tanto, foi adotada a perspectiva histórica para compreender os aspectos peculiares deste processo no contexto nacional. Como fio condutor do estudo, considerou-se um dos traços mais marcantes da elite brasileira, uma herança dos tempos do Brasil colonial que ainda parece ser sentida no meio empresarial deste país: o patrimonialismo. Esse foi considerado a partir da ideia de que a gestão nas organizações brasileiras é marcada pelas bases históricas de formação institucional do país, em que suas raízes residem no período de consolidação do Estado e da atividade empresarial, dado ao longo do século XIX e da primeira metade do século XX (VIZEU,

2011). Assim, o modelo da família patriarcal de base patrimonialista, tão marcante em nosso imaginário popular (FREYRE, 2003), orienta a análise do fenômeno organizacional, objeto desta dissertação.

Isso posto, apresentamos o seguinte problema de pesquisa: **em que medida, nos casos de sucessão em empresas familiares escolhido para o estudo, há o traço patrimonialista das empresas brasileiras?**

Tendo em consideração o problema anterior, o objetivo do trabalho é descrever e analisar em um conjunto de empresas familiares a presença orientação patrimonialista no processo sucessório destas organizações.

Como objetivos específicos, temos:

- Identificar um conjunto de empresas familiares que passaram ou estão passando por processo de sucessão.

- Descrever o processo sucessório das empresas escolhidas para o estudo.

- Analisar a orientação patrimonialista ou profissional presente no processo sucessório das empresas escolhidas para o presente estudo.

Para identificar o presente cenário de sucessão familiar no Brasil, é preciso entender as peculiaridades que as diferenciam das demais organizações em que não existem vínculos familiares. Neste trabalho, procuraremos observar a sucessão quanto a questões de racionalidade no processo de sucessão como planejamento, profissionalização, preparação e introdução do sucessor. Também analisaremos as principais tensões nesse tipo de sucessão, como as de patrimônio e sociedade, conflito de gerações e disputas de famílias.

Quanto aos aspectos patrimonialistas, faremos uma análise profunda de suas origens e influências no Brasil Colonial até os dias atuais. Outra justificativa para este trabalho será quanto à gestão brasileira das empresas desse segmento quanto o entendimento do que é gestão brasileira nas organizações, onde estão suas raízes, quais os seus traços e o que deve ser observado do ponto de vista da história do Brasil. O patrimonialismo explica a fundamentação do poder político, como esse se organiza e se legitima por meio do poder pessoal pela tradição.

Porém, é necessário entender que empresas familiares necessitam de uma sinergia entre as pessoas e as próprias empresas, que os traços culturais influenciam nas tomadas de decisão. O patriarcalismo, a face efetiva do pai que sustenta que representa a família e o patrimonialismo, a face da autoridade absoluta aceita por tradição pelos membros da família, convivem lado a lado na cultura brasileira (PRATES, 1996).

Além da introdução, este trabalho é composto pelas seguintes seções: um referencial teórico em que foi apresentado o conceito de sucessão em empresas familiares, os modelos teóricos deste processo, a observação de uma orientação racional-profissional na sucessão e a questão da sucessão como um rito de passagem. Também é abordado no capítulo de revisão teórica o entendimento do que é gestão brasileira nas organizações e os aspectos patrimonialistas das empresas familiares. Na sequência, apresentam-se os procedimentos metodológicos de pesquisa, a análise dos resultados e as conclusões do estudo.

2

REFERENCIAL TEÓRICO

Para se falar de sucessão em empresas familiares, é preciso antes dimensionar os aspectos que caracterizam esse tipo de empresa, de modo geral. Nesse sentido, de acordo com Junquilho *et al* (2007), no Brasil, 90% dos 300 maiores grupos empresariais no país são administrados por famílias, sendo que, nesse segmento, existem aproximadamente 3,5 milhões de empresas de médio e pequeno porte. Ainda, o tempo de existência, em média, dessas empresas é de nove anos, com 30% chegando à segunda geração e 9% à terceira geração. Os autores informam ainda que as empresas familiares contribuem para o cenário social e econômico nas sociedades capitalistas e empregam 60% dos trabalhadores.

De forma genérica e ampla, para uma empresa ser considerada familiar, basta que uma pessoa da família, mesmo não trabalhando diretamente na empresa, seja detentora da maior parte das cotas da sociedade. Nesse ponto, a caracterização como empresa familiar se dá a partir da coexistência entre a propriedade total ou majoritária das cotas da empresa e, consequentemente, a gestão estratégica da empresa e o controle administrativo estar nas mãos dos familiares (GONÇALVES, 2000). Outro aspecto relevante que caracteriza as empresas familiares é a forte marca do fundador na empresa, mesmo nos períodos futuros quando os descendentes já assumiram a empresa. Tendo em vista a importância da presença do fundador, os estudos de empresas familiares destacam a predominância do exercício de poder dessa figura ser centralizador, especialmente em certos tipos de empresas de capital fechado e de pequeno porte, onde não existe, por exemplo, a transparência de questões administrativas e financeiras (BORGES; LESCURA, 2012; GERSICK *et al.*, 1997).

Por conta das peculiaridades das empresas familiares no Brasil, para compreender e desenvolver modelos analíticos, a literatura especializada tem procurado avaliar os aspectos culturais e históricos que determinam os traços brasileiros dos processos gerenciais e organizacionais (GONÇALVES, 2000; MOTTA; CALDAS, 2011). Assim, iniciamos nossa revisão teórica pela análise de tal quadro teórico para, em seguida, podermos tratar mais especificamente sobre o processo sucessório em empresas familiares, objeto central do estudo.

2.1 GESTÃO ORGANIZACIONAL BRASILEIRA

Para tratar de gestão organizacional brasileira, é preciso verificar a aderência de modelos de gestão característicos de nosso país, constituídos a partir de nossas referências culturais e históricas. Nesse sentido, Freitas (2011) faz a análise das culturas organizacionais das empresas pela ótica da cultura brasileira, na qual evidencia, por meio dos "traços culturais brasileiros", quanto nossa cultura própria é determinante na adaptação de modelos de gestão importados para serem aplicados no Brasil. O autor argumenta que esses modelos nem sempre se adaptam à realidade da cultura brasileira, apresentando resultados fracos ou até mesmo se inviabilizando totalmente, justamente por não se levar em conta os valores culturais dos brasileiros. Assim, o autor considera que se faz necessária a compreensão de um **modelo gerencial brasileiro**, ou seja, um modelo de gestão que leve em conta os traços da nossa cultura perante os desafios atuais de modernização.

De modo geral, as metodologias de administração adotadas no Brasil foram inspiradas em modelos norte-americanos (VIZEU, 2010). Mas, como foi salientado por Freitas (2011), há que se considerar que, no Brasil, os traços de nossa cultura condicionam esses modelos importados, especialmente por meio da formação de uma cultura nacional com traços diversos da dos países fundadores do *Management* moderno (VIZEU, 2010, 2011). Para esse autor, as organizações são parte de uma sociedade e, portanto, parte de uma cultura. Dito de outra forma, elas são uma espécie de subculturas de uma sociedade. Considerando ainda que cultura de uma organização recebe influência forte do fundador, desde a origem da empresa até mesmo após a sua saída, também é necessário considerar que os traços familiares impostos pelo proprietário-fundador são fatores da cultura organizacional determinantes na diferenciação da identidade das empresas brasileiras.

Baseado na associação entre cultura organizacional e cultura brasileira, Freitas (2011) identifica cinco traços mais influentes no âmbito organizacional brasileiro: i) a **hierarquia**, caracterizada pela centralização de poder, pelo distanciamento entre os grupos sociais e pela passividade dos grupos inferiores; ii) o **personalismo**, no qual se verifica por meio de relacionamentos profissionais baseados em relações pessoais, configurando proximidade e afeto nas relações, bem como uma orientação paternalista de gestão; iii) a **malandragem**, configurando a flexibilidade e a adaptação ao meio social e sendo representada pelo termo "jeitinho" (BARBOSA, 2005); iv) o **sensualismo**, que se explica pela orientação para o sensual e para o exótico nas relações sociais; e v) o **espírito aventureiro** (HOLANDA, 1999), caracterizado pelo comportamento sonhador e menos disciplinado, que configura interesses pelos ganhos em curto prazo e pela tolerância ao risco, mas com aversão ao trabalho manual ou metódico.

2.1.1 Raízes históricas da gestão brasileira

Sob a perspectiva da formação histórica da cultura empresarial brasileira, Vizeu (2011) faz uma análise quanto ao processo de modernização empresarial no Brasil, que sofreu forte influência de herança colonial. Essa hipótese é levantada pelo autor a partir da análise da trajetória política e econômica do país. Nesse sentido, Vizeu (2011) lembra que o Brasil é marcado, em sua formação, pela forte presença do modelo rural agro-exportador, o sistema econômico que determinou o desenvolvimento industrial do país. Para o autor, a influência do contexto rural sobre a gestão das empresas brasileiras se deu a partir do crescimento das indústrias ocorrido com o financiamento do capital cafeeiro e isso foi decisivo para que a estrutura social e econômica do Brasil colonial se refletisse na formação cultural dos empresários industriais.

O autor ressalta que, apesar dos esforços anteriores pela industrialização no país, foi somente no século 20 que ocorreu o primeiro período de crescimento relevante da indústria brasileira, dado, principalmente, pelo crescimento do mercado interno e de condições políticas e sociais favoráveis à industrialização, por exemplo, a substituição de importações. Em relação à força de trabalho, Vizeu (2011) identifica que, apesar da mudança no perfil da empresa brasileira por conta da substituição do trabalho escravo pelo empregado assalariado, a orientação patrimonialista da administração da grande propriedade rural do Brasil colonial permanece.

Por conta dessa característica, o autor identifica dois traços marcantes na emergência da classe industrial no Brasil. A primeira diz respeito ao fato da competitividade ser obtida não por conta da inovação tecnológica e profissionalização gerencial, mas pela busca por regalias e outras vantagens que empresários industriais bem relacionados recebiam junto a classe política. A outra característica marcante da classe industrial nascente do Brasil diz respeito ao fato da autoridade proveniente da gestão técnica ser subordinada à autoridade patriarcal, exercida especificamente pelos chefes das famílias proprietárias. Vizeu (2011) lembra ainda que esse aspecto se contrapõe frontalmente à orientação anglo-saxônica, que estabelece como modelo de gestão moderno aquele fundamentado pela racionalidade instrumental decorrente do capitalismo industrial (VIZEU, 2010).

Segundo a revisão historiográfica empreendida por Vizeu (2011), esses traços têm origem no autoritarismo da economia patrimonialista colonial da empresa agrícola. O aspecto mais evidente dessas empresas agrícolas e engenhos de açúcar é o núcleo social centrado na estrutura familiar patriarcal, centrada na figura do senhor da fazenda, na família mono-parental e nas relações de compadrismo, onde o vínculo com o chefe da família proprietária do empreendimento se dá por laços de batismo e de casamentos (FREYRE, 2003). Da mesma forma, a base do poder econômico era a posse da terra, onde até mesmo os casamentos eram arranjados para manter-se o poder do patrimônio e, consequentemente, o poder político e a ascendência social. Finalmente, Vizeu (2011) sugere que, até os dias de hoje, grandes grupos industriais brasileiros continuam a apresentar o traço patrimonialista em seu modelo de gestão.

De acordo com a perspectiva de Vizeu (2011) e de diversos outros autores, o modelo patriarcal é a mais importante peculiaridade da maneira brasileira de se gerir as empresas, provocando um paradoxo entre a modernização das instituições econômicas no Brasil e a capacidade das empresas de modernizarem sua gestão. Por esse motivo, mesmo quando as organizações no Brasil são receptivas à modernização e à melhoria dos padrões de gestão, essas acabam por adotar um comportamento moderno com traços patrimonialistas.

Assim como Vizeu (2011), Motta (2011) também aponta como base da cultura organizacional brasileira a herança da gestão do engenho, da casa grande (FREYRE, 2003). Nesse sentido, o operário é o sucessor do escravo. Motta (2011) também registra que essa herança tem raízes mais longevas, na própria lógica das capitanias hereditárias, que eram administradas pelos interesses dos senhores feudais e não pelo interesse do governo português.

Motta (2011) e Freitas (2011) destacam que o distanciamento social entre as classes de escravos e senhores se reproduziram nas relações das empresas brasileiras contemporâneas. Mesmo assim, autores como Vizeu (2011), Bresler (2011), Pereira (1974) apontam o choque desse modelo patrimonialista na gestão brasileira com a tendência à modernização, dado especialmente a mudança de cenário no Brasil após a Segunda Guerra Mundial, quando muitas empresas multinacionais em conjunto com outras empresas no Brasil instalam-se para atender o mercado interno, trazendo para cá seus sistemas gerenciais e as prerrogativas de uma gestão burocrática e profissional (PEREIRA; MOTTA, 1987).

Nesses termos, a cultura gerencial brasileira deve ser encarada como consequência da formação econômica, política e cultural que vem se estruturando desde o século 16, fazendo com que os pressupostos do *Management* moderno — tais como a racionalidade, a impessoalidade, o formalismo etc. (VIZEU, 2010; PEREIRA; MOTTA, 1987), convivessem ao mesmo tempo com traços fortes de princípios tradicionalistas, tais como o personalismo, a legitimidade patrimonial, o poder patriarcal, entre outros. Esse paradoxo aparece de forma mais evidente nas empresas familiares.

A orientação patrimonialista enquanto traço da cultura organizacional brasileira tem sido investigada mais detidamente por outros estudiosos. Davel e Vasconcelos (2011), por exemplo, analisam as relações de autoridade das empresas brasileiras, revelando como elas são advindas da figura paterna e como elas se assentam em estruturas históricas herdadas de um passado colonial ainda não superado. Nesse contexto, os autores lembram que a sociedade brasileira caracteriza-se pelo enorme distanciamento entre o povo e a elite, onde o senhor do engenho era a figura emblemática, já que, em seu empreendimento, detinha todo o controle sobre as pessoas e a produção, não fazendo distinção entre a esfera pública e a esfera da vida privada.

Nesse sentido, Davel e Vasconcelos (2011) sinalizam, entre outras características, o papel central do pai na cultura portuguesa e no Brasil Colonial. De acordo com esses autores, a figura paterna se constitui especialmente pela relação de dependência dos trabalhadores das propriedades rurais do Brasil colonial do senhor: a base da mão de obra do engenho era formada de mestiços, escravos libertos, de índios aculturados, do casamento de ex-escravos com indígenas, de europeus pobres e outros grupos minoritários que foram crescendo em torno do latifúndio e formando famílias e comunidades rurais que eram protegidas por um determinado latifundiário. Desse processo, surge a estrutura de autoridade do principal empreendimento econômico brasileiro que era autoritária e centralizada na figura paterna.

A figura do poder patriarcal rural migra para o setor empresarial com o processo de industrialização que se acelera por meio da cultura do café na segunda metade do século 19. No século 20, esse movimento de industrialização é acelerado, tornando-se o principal motor da economia abastecido por operários herdeiros da classe trabalhadora do Brasil imperial, uma sociedade orientada pelas normas típicas da cultura oligárquica arcaica. Assim, Davel e Vasconcelos (2011) indicam que, mesmo com a ida das famílias do interior para as cidades em busca de melhores oportunidades de trabalho, os traços de poder patriarcal se mantiveram, reproduzindo, nas indústrias, a figura do homem poderoso do engenho, do chefe de uma grande parentela que é composta por pessoas unidas por laços consanguíneos ou somente por afetividade.

A figura do pai-patrão no *ethos* da organização empresarial brasileira é caracterizada pelo poder ilimitado e poucas resistências, pela chefia sustentada por um conjunto de tradições e por meio de ordens e proibições inquestionáveis. Assim, a prática de gestão é fundamentada na obediência e nos princípios ideológicos dessa relação parental (real ou simbólica) que se reforça mutuamente. Ou seja, tanto na família quanto na empresa, reproduzem-se os padrões culturais desta herança histórica.

2.1.2 Patrimonialismo e patriarcalismo

Lacerda (2010) busca identificar as bases conceituais do patrimonialismo. Junior (2012) também lembra que o conceito de patrimonialismo é central nas interpretações clássicas do Brasil. Nesse sentido, tanto Lacerda (2010) quanto Junior (2012) lembram que os autores que conceituaram a tradição patrimonialista brasileira, tais como Sérgio Buarque de Holanda, Raimundo Faoro, Florestan Fernandes e Roberto da Matta, foram influenciados pela sociologia de Weber. Lacerda (2010) lembra ainda que os próprios conceitos de patrimonialismo e patriarcalismo são associados e foram elaborados por Max Weber.

Sobre a definição weberiana, Campante (2003) lembra que o patrimonialismo é a forma de dominação baseada no poder individual da pessoa e pela autoridade que é representada como tradição sacralizada. Para Sandroni (1987), a característica principal do patrimonialismo é a não distinção entre a esfera pública e a privada. Sobre o conceito de patriarcalismo, o autor lembra que esse termo traduz o poder político do patriarca. Isso se deve ao fato de que, no patrimonialismo, a estrutura política é constituída com o avanço da comunidade doméstica: ou seja, o senhor de terras confunde-se com o patriarca. Por esse motivo é que os conceitos de patrimonialismo e patriarcalismo são ligados à herança rural, como foi observado anteriormente. Da mesma forma, Weber (2004) aponta que o patrimonialismo representa o tipo de orientação de uma sociedade onde o poder doméstico do senhor, do patriarca, confunde-se com o poder político sobre as terras e indivíduos extrapatrimoniais. Ou seja, no patrimonialismo, a estrutura do poder político é igual à do poder doméstico. Nesse sentido, o patrimonialismo pode ser definido como um

> [...] sistema de dominação política ou de autoridade tradicional em que a riqueza, os bens sociais, cargos e direitos são distribuídos como patrimônios pessoais de um chefe ou de um governante (SANDRONI, 1987, p. 317).

Ainda segundo Weber (2004), a dominação patriarcal tem base na tradição. Nessa perspectiva, a "dominação tradicional" tipificada por Weber (2004) é uma forma na qual a legitimidade está alicerçada na "crença cotidiana na santidade das tradições vigentes desde sempre e na legitimidade daqueles que, em virtude dessas tradições, representam a autoridade" (WEBER, 2004, p. 33). Assim o patrimonialismo consiste numa forma específica da dominação tradicional. Sobre essa ideia de Weber, Bendix (1986) considera o seguinte: "Weber empregou o termo 'patriarcalismo' – em termos gerais, a autoridade de um senhor sobre seu grupo familiar – para designar o tipo puro de dominação tradicional" (BENDIX, 1986, p. 260).

Em síntese, o patrimonialismo é um tipo de dominação tradicional baseada na autoridade pessoal do senhor, que é definida a partir de laços patriarcais. Nesse sentido, Albuquerque, Pereira e Oliveira (2012) lembram que a questão do patriarcalismo é característica marcante na cultura brasileira, na qual persiste a exclusão da figura da mulher no mercado de trabalho, tanto em empresas comuns como em empresas familiares. Interessante notar que esse traço também se verifica nas organizações públicas do Brasil. Assim, Martins (2011) trata da questão da ética do patrimonialismo e a modernização da administração pública brasileira, lembrando que o termo patrimonialismo tem servido para designar a cultura de apropriação daquilo que é público pelo privado.

Nesse sentido, Martins (2011) lembra que a administração pública brasileira tem como base a herança cultural lusitana e é dessa herança que surge a influência patrimonialista (JUNIOR, 2012). Mesmo que, ao longo do tempo, a administração pública brasileira tenha se esforçado para construir formas contrárias, é certo também que o movimento de modernização política nacional assume traços patrimonialistas, dados especialmente pelo caráter dissociativo entre política e administração. Na ética lusitana, o patrimonialismo identifica-se que o Estado e o esforço de modernização das instituições públicas brasileiras têm como traço distintivo a busca pela substituição da administração patrimonial pela burocrática.

Também Campante (2003) traz o conceito de patrimonialismo no Brasil ligado pela influência do Estado português, mas também no período de Independência, onde se estabeleceu o governo Imperial. Esse autor identifica o patrimonialismo pelo poder do Estado centralizador, controlador e personalista, que atua em nome dos interesses de uma classe política privilegiada. Nesse ponto, Araújo e Dourado (2006) também identificam que, por questões da influência do sistema colonial implantado por Portugal sobre a formação do Brasil, o conceito de patrimonialismo é identificado nas esferas políticas e administrativas e como representando aspectos causadores de grandes mazelas do sistema público brasileiro.

2.2 SUCESSÃO EM EMPRESAS FAMILIARES

De acordo com Grzybovski, Hoffmann e Muhl (2008), o processo sucessório no Brasil está mais ligado a aspectos patrimoniais do que a aspectos gerenciais. A legitimidade do poder também é questão central, tendo em vista a tensão entre a autoridade-racional legal e a tradição, quando é transferido o poder para o sucessor (critérios burocráticos ou tradicionais). Outro fator que torna complexa a análise do processo sucessório é o fato de que a sucessão patrimonial pode acontecer a qualquer momento, por exemplo, quando da morte do fundador (natural e ou acidental) e até mesmo quando não existir um testamento legal, configurando o direito legal da família (BORGES; LIMA, 2009).

2.2.1 Modelos teóricos do processo de sucessão em empresas familiares

De acordo com Borges e Lescura (2012), dentre os diversos estudos sobre o processo sucessório de empresas familiares, os modelos teórico-explicativos que mais aparecem em destaque são os de Gersick *et al.* (1997), Stafford *et al.* (1999), Bayad e Barbot (2002 *apud* BORGES; LESCURA, 2012) e Labrecht (2005). Porém, o modelo mais difundido, segundo os autores, é o de Gersick *et al.* (1997).

De acordo com esses autores mais proeminentes, a questão da sucessão envolve alguns problemas básicos que caracterizam as empresas familiares. Nesse sentido, Gersick *et al.* (1997) constituem seu modelo de análise do processo sucessório, tendo por referência critérios propostos por Tagiuri e Davis, dois autores americanos da universidade de Harvard que, na década de 1980, criaram um modelo de dois sistemas para o entendimento das empresas familiares, baseados na distinção clássica entre propriedade e gestão.

Nesse sentido, os autores consideram fundamental distinguir os papéis de proprietário e gestor, pois algumas pessoas são proprietárias, mas não estão diretamente exercendo a função de gestão da empresa, da mesma forma que temos também os gerentes e diretores não proprietários. Assim, a contribuição do modelo de Gersick *et al.* (1997) é a sistematização de três princípios que se comunicam, expressos pelos autores na forma de círculos, conforme demonstrado na Figura 1:

Figura 1 – O método dos três círculos da empresa familiar

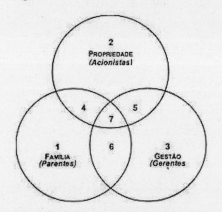

Fonte: Gersick *et al.* (1997, p. 6)

Esse diagrama descreve objetivamente o sistema da empresa familiar como três subsistemas independentes, mas superpostos: **gestão**, **propriedade** e **família**. O entendimento é que todos os proprietários (sócios e acionistas) estão no *status* do sistema "propriedade". Os membros da família no *status* do sistema "família" e os funcionários no *status* do sistema "gestão/empresa". Tendo em conta que os indivíduos podem pertencer a mais de um dos círculos desse sistema, surgem o que os autores denominam por setores sobrepostos (áreas 4, 5, 6 e 7 do diagrama), aparecendo em dois ou três círculos simultaneamente. Por exemplo, o proprietário que também é membro da família, mas não trabalha na empresa, estará num lugar diferente do proprietário que não é membro da família e trabalha na empresa. Esse modelo de três círculos torna-se útil para o entendimento das origens dos conflitos interpessoais, tensões e problemas entre sujeitos que se encontram em condições distintas e que, por isso mesmo, apresentam diferentes interesses e orientações. De forma geral, esse modelo de análise ajuda na compreensão do posicionamento de cada familiar, da natureza das interações e outros fatores, tais como a personalidade, a intenção, as articulações políticas, as diferentes visões e pontos de vista dos envolvidos.

Mas também é preciso considerar o peso do fator tempo no modelo de Gersick *et al.* (1997). As famílias crescem, os pais envelhecem e outras pessoas agregam-se à empresa e esses processos são lentos e constantes ao longo do tempo. Geralmente, toda empresa quando começa é pequena e simples em seus processos; mas, com o passar dos anos, torna-se complexa com o crescimento ou até mesmo pode estagnar ou acabar (MINTZBERG, 1995). Dependendo do ritmo do crescimento, haverá nessa organização, por exemplo, que começou com um único dono sendo o proprietário de uma determinada propriedade, alteração na estrutura da propriedade com a transferência a filhos ou mesmo, em três ou quatro gerações, a transferência da propriedade para primos. Assim, Gersick *et al.* (1997) justificam o modelo de três círculos incluindo o tempo e dando uma natureza tridimensional desse modelo de desenvolvimento das empresas familiares. Assim sendo, para cada um dos três subsistemas existe uma dimensão separada de desenvolvimento. Cada um deles sofre mudanças de acordo com os acontecimentos e sequências próprias e é justamente isso que ele define como modelo tridimensional de desenvolvimento de empresa familiar.

Sobre essa tridimensionalidade, Gersick *et al.* (1997) aponta que, na dimensão da propriedade, existem três etapas básicas: proprietário controlador, sociedade entre irmãos e consórcio de primos. Na dimensão da família, são quatro etapas, denominadas da seguinte forma: "jovem família empresária", "entrada na empresa", "trabalho conjunto" e "passagem do bastão". Por fim, na dimensão da empresa, são identificadas três etapas básicas: "início do negócio", "expansão/formalização" e "maturidade".

O modelo tridimensional de análise do desenvolvimento de empresas familiares é considerado por Borges e Lescura (2012) a partir de certas críticas. Basicamente, estas dizem respeito às limitações importantes que não são consideradas pelos proponentes do modelo, tais como o fato de, na dimensão da família, não serem consideradas outras concepções de família, que implicariam em novos quadros teóricos, variáveis e níveis de análise. Bergamaschi, Cunha e Filipe (2006) registram também em seu artigo críticas quanto ao modelo tridimensional, que é mais utilizado pela literatura gerencial, por entenderem que existe um hiato entre a sua concepção teórica e a realidade prática das organizações, justamente por conta do modelo só admitir um único modelo de família, que reflete uma cultura tradicionalmente paternalista e que se desenvolve em uma sequência lógica que não leva em conta outras formas de entrada de familiares ou mesmo especificidade quanto a modelos de organização de diferentes familiares.

Também a partir da identificação de limitações no modelo de Gersick *et al.* (1997), Grybovski e Oliveira (2006) apresentam um outro modelo teórico para a análise de empresas familiares, denominado como modelo de sustentabilidade. Segundo esses autores, essa perspectiva é mais completa que o modelo dos três círculos e mais adequada ao estudo de processos de sucessão de empresas familiares. Realmente, tendo em conta o levantamento bibliográfico realizado para a elaboração desta obra, o modelo sustentável é o segundo mais referenciado no estudo de processos de sucessão familiar. Muitos consideram que o modelo da sustentabilidade define melhores critérios para o estudo do crescimento e desenvolvimento de empresas familiares.

Em síntese, a inovação do modelo de sustentabilidade está na incorporação da fase de **gestação**, ou seja, a fase embrionária do fundador que irá dar vida à empresa nos primeiros anos de existência, proporcionando a sustentação dos negócios. Sobre o termo "sustentável", entende-se a manutenção do negócio tendo em conta três aspectos que podem ser conflitantes, as relações da família *versus* os negócios familiares *versus* os objetivos da empresa. Assim, diferentemente do modelo de três círculos de Gersick *et al.* (1997), no modelo sustentável de Grybovski e Oliveira (2006) admite-se como questão-chave os sistemas "família" e "empresa" num mesmo patamar de sinergia e dinâmica interpessoal entre os sujeitos envolvidos no processo. Existe então maior ou menor envolvimento, sinergia e foco para o atingimento de objetivos empresariais. A partir dessa perspectiva, esse modelo destaca as tensões e conflitos de interesses, ao identificar as diferenças entre sucesso familiar, sucesso dos negócios e as reações e transtornos entre familiares advindos de tais diferenças.

Outro importante modelo teórico identificado em nossa revisão de literatura foi o modelo de Bayad e Barbot (2002 *apud* BORGES; LESCURA, 2012) que leva em consideração na análise do processo de sucessão as questões de aceitabilidade, credibilidade, legitimidade e liderança como características aderentes aos sucessores de empresas familiares. A partir da análise dessas características, pode ser identificado se o herdeiro apresenta condições de potencial sucessor da direção da empresa familiar. Essa análise permite verificar a probabilidade de o herdeiro assumir os cargos na empresa, de haver o afastamento do sucedido ou a transferência patrimonial. Esse modelo se fundamenta na ideia de que em processos de sucessão bem desenvolvidos há a preocupação do sucedido com a construção da liderança sucessor, facilitando a transmissão da gestão e do patrimônio.

Outro sistema analítico considerado pelos estudos de sucessão de empresa familiares no Brasil é aquela citada por Borges, Carvalho e Lima (2008), o modelo de Lambrecht (2005), que aborda a interação entre indivíduo (fundador e sucessores), família e empresa, denominado por modelo de transição multigeracional. Considerado como uma alternativa ao modelo de Gersick *et al.* (1997), esse modelo aponta que a sucessão ocorre gradativamente, em um processo contínuo de fortalecimento da afetividade entre família e empresa e que isso é determinante para as futuras gerações. A partir da centralidade da afetividade, surge a necessidade dos membros da família que são potenciais sucessores demonstrarem confiança e até mesmo apoio de outros membros da família, por exemplo, a mãe que, mesmo fora da empresa, poderá ajudar a manter os valores da família.

A questão da confiança leva à necessidade do desenvolvimento, por parte dos potenciais sucessores, de uma forma de liderança e capacidade gerencial que seja importante para conduzir os processos de uma maneira proativa. Isso é considerado importante pelos autores para se agregar valor no relacionamento familiar por meio da facilitação e demonstração de apoio quanto às questões de valores individuais, comprometimento, compreensão de diferentes realidades empresariais, ausência de coerção, entre outros desafios e questões (BORGES; CARVALHO; LIMA, 2008).

Compreende-se, dessa forma, a identificação de um ciclo composto de sete elementos- chave envolvendo a família: i) os valores familiares e a influências desses nos negócios; ii) os símbolos e o papel que estes representam perante a família; iii) o nome da família associada à história da empresa; iv) os fluxos de comunicação aberta entre os familiares anulando quaisquer possíveis conflitos; v) ações organizadas quanto a treinamento aos possíveis sucessores; vi) planos e acordos formais definidos quanto ao futuro da empresa; e vii) a existência exclusiva de sócios com participação ativa (LAMBRECHT, 2005). Assim, a partir do modelo multigeracional, percebe-se que os eixos de relacionamento entre as dimensões "indivíduos, família e empresa" não são estáticos, pelo contrário, desenvolvem-se de forma dinâmica, sempre interagindo.

Finalmente, Borges e Lima (2009) trazem a perspectiva da sucessão por meio da contribuição das pesquisas sobre empreendedorismo e com aquelas que tratam das empresas familiares. Basicamente, os autores trazem à tona as características de empreendedorismo pelo conceito de intraempreendedor, constituindo o processo de sucessão empreendedora, onde se busca por empreendedores entre os herdeiros. Segundo os autores, essa perspectiva sobre o empreendedorismo promove a construção coletiva de um contexto inovador, onde se irá, de uma forma geral, auferir avanços, lucros e outras vantagens no negócio familiar. Por meio de características apontadas pelos autores, tais como aceitabilidade, credibilidade e legitimidade, os sucessores desenvolvem liderança própria e passam a ser melhor considerados pelos outros membros da família.

Essa condição é fundamental para o bom andamento do processo sucessório, pois motiva os sucessores a cada vez mais envolverem-se em desafios na empresa, de forma a contribuir para que essa torne-se mais competitiva no mercado. Borges e Lima (2009) ressaltam ainda que, por conta do viés empreendedor, a sobrevivência da empresa familiar se viabiliza. Ou seja, a sucessão pode trazer duas consequências claras: a continuidade dos negócios, onde se consegue mesmo impulsionar o crescimento ou a falência deles, a partir da dificuldade de se articular as competências empreendedoras entre os herdeiros ou outros potenciais sucessores.

Desse modo, os autores registram que, para essa orientação empreendedora acontecer, é preciso haver no processo sucessório a observação quanto à seleção, ao treinamento, à formação profissional, à socialização e ao desenvolvimento de sucessores. Os autores consideram todas essas ações como sendo estratégicas e salientam ainda ser necessário identificar também características de sucessores que correspondam à aderência a liderar, o gosto por gerenciar e muito comprometimento com os negócios.

Resumidamente, sintetizando os principais aspectos tratados nos modelos teóricos sobre o processo de sucessão em empresas familiares, apresentamos o Quadro 1:

Quadro 1 – Modelos teóricos do processo de sucessão em empresas familiares

1) Gersick *et al.* (1997)	O modelo da tridimensionalidade: é a sistematização de três princípios como três subsistemas independentes, mas superpostos: gestão (gerentes), propriedade (sócios e acionistas) e família (membros da família), considerando o fator do tempo como o aspecto dinâmico da determina o caráter tridimensional do processo.

2) Grybovski e Oliveira (2006)	**O modelo de sustentabilidade:** baseado na fase de "gestação", onde se determina, nos primeiros anos de existência, a base de sustentação dos negócios para os anos seguintes; os sistemas "família" e "empresa" tornam-se os aspectos centrais na análise do processo, verificando-se a sinergia e a dinâmica interpessoal entre os sujeitos envolvidos no processo.
3) Bayad e Barbot (2002 *apud* BORGES; LESCURA, 2012)	**Modelo de construção da liderança:** considera questões de aceitabilidade, credibilidade, legitimidade e liderança como características marcantes e necessárias aos sucessores de empresas familiares; por isso, é fundamental o estabelecimento do preparo e a construção dessas capacidades.
4) Lambrecht (2005)	**Modelo de transição multigeracional:** baseado em um ciclo composto de sete elementos-chave: i) os valores familiares e a influências destes nos negócios; ii) os símbolos e o papel que estes representam perante a família; iii) o nome da família associada à história da empresa; iv) os fluxos de comunicação aberta entre os familiares anulando conflitos; v) ações organizadas quanto a treinamento aos possíveis sucessores; vi) planos e acordos formais definidos quanto ao futuro da empresa; e vii) a existência exclusiva de sócios com participação ativa.
5) Borges e Lima (2009)	**Modelo de sucessão empreendedora:** baseado no conceito de intraempreendedor, no qual se busca o desenvolvimento de competências empreendedoras entre os herdeiros, por meio da seleção, do treinamento, da formação profissional, da socialização e de outras formas de desenvolvimento de sucessores.

Fonte: o autor, baseado em Gersick *et al.* (1997), Grybovski e Oliveira (2006), Borges e Lescura (2012), Lambrecht (2005) e Borges e Lima (2009)

2.2.2 A orientação profissional no processo de sucessão em empresas familiares

Tendo em conta as teorias sobre o processo sucessório, é possível reconhecer duas diferentes preocupações dentre os autores. Primeiramente, os modelos procuraram retratar os desafios que as empresas familiares enfrentam, devido às suas peculiaridades, tais como a influência dos valores da família e da tradição no processo (LAMBRECHT, 2005), a ascendência do fundador e seu papel decisivo no preparo dos sucessores (GRYBOVSKI; OLIVEIRA, 2006; BORGES; LIMA, 2009), entre outros aspectos.

Entretanto, outra preocupação dos modelos teóricos do processo sucessório diz respeito à prescrição de medidas que visem tornar esse processo o mais adequado para a manutenção dos negócios e o bem-estar da empresa. Esses princípios têm por base a lógica racional que suporta o *management* moderno (VIZEU, 2010), no qual questões como planejamento, seleção, treinamento e capacitação etc. são tratadas sob o ponto de vista da racionalidade e da otimização dos recursos. Nesse sentido, é preciso considerar os aspectos prescritos pelos autores como uma **orientação profissional** do processo sucessório, já que os elementos da racionalidade administrativa constituem-se historicamente com a emergência do modelo burocrático e a gestão profissional nas empresas (VIZEU, 2010; PEREIRA; MOTTA, 1987). A seguir, vejamos alguns aspectos dessa orientação racional.

Ao considerar os mecanismos de otimização do processo de sucessão, Lima, Borges e Carvalho (2007) apontam a necessidade de se empreender uma escolha racional do sucessor. Nesse sentido, Junquilho *et al.* (2007) destacam que um adequado processo de seleção e treinamento do sucessor torna-se um diferencial para haver continuidade dos negócios e deve ser empreendido a partir da visão de planejamento estratégico. Os autores reforçam que o que está em jogo é o futuro da empresa. Assim, eles chamam a atenção para o fato de que a sucessão, mesmo por um membro da família, é uma questão de estratégia de recursos humanos da empresa. Ou seja, da mesma forma que em processos de recrutamento e seleção de funcionários, a escolha do sucessor deve observar questões determinantes para a boa gestão de pessoas, por exemplo, o nível de escolaridade desse sucessor, as competências gerenciais, a capacidade de liderança etc.

Como foi observado por alguns dos modelos teóricos de processos sucessórios em empresas familiares, esses aspectos são fundamentais para que se objetive uma sucessão que efetivamente irá gerar resultados sustentáveis. Contudo, em comparação com empresas de capital aberto, a peculiaridade desse processo é que a sucessão de empresa familiar não é apenas um fato gerencial, mas também de transmissão patrimonial.

Sobre esse aspecto, Lima, Borges e Carvalho (2007) observam as diferenças entre as dimensões gerencial e patrimonial. Os autores registram que a questão da transmissão patrimonial é mais um ato administrativo do que de competências gerenciais. Por outro lado, a transmissão gerencial é mais complexa e exige maior preparo e planejamento. Essa começa com a entrada do sucessor e, desde o início, é importante estar atento ao potencial desse em assumir a empresa de forma a garantir a manutenção da administração do negócio em si. Para isso, é preciso preocupar-se com a questão do processo de aprendizagem dos herdeiros potenciais. Conforme já foi mencionado, questões como aceitabilidade, credibilidade, legitimidade e liderança fazem parte dessa importante fase, e o sucessor precisa dominar um conjunto de competências gerenciais para ser aceito tanto pela família, como pelos empregados e outros *stakeholders* da empresa.

Outros autores também destacam a necessidade de um planejamento racional no processo de sucessão em empresas familiares. Junquilho *et al.* (2007) identificam que sucessão sempre gera grandes mudanças nas empresas e que, por isso, é preciso haver competência para quem vai suceder para superar possíveis conflitos e resistências. Quando não há competência, poderá haver ruídos na sucessão. Os autores também constatam que, por falta de preparo da empresa ou mesmo do fundador, poucas empresas familiares conseguem sobreviver à sucessão e acabam por comprometer o futuro da organização.

Ainda sobre a racionalidade do processo de sucessão, Junquilho *et al.* (2007) destacam que, para haver uma sucessão bem realizada, é preciso considerar quatro etapas a serem realizadas gradativamente e com o devido suporte dos envolvidos: a iniciação do processo, a integração, a gestão em conjunto e a retirada do fundador. Os autores propõem que, se tais etapas forem efetivadas de forma gradual e planejada, o sucessor tende a absorver melhor as características da empresa que irá suceder, por exemplo, a cultura, a maneira como os processos estão estabelecidos etc. Da mesma forma, as etapas propostas por Junquilho *et al* (2007) contribuem para se obter o respeito dos funcionários, tendo em vista que oportunizam o sucessor a interagir com eles, demonstrando também atitudes proativas capazes de promover a autoconfiança e o respeito.

Em sua revisão sobre tema sucessão, os mesmos autores identificaram outras metodologias usadas para conduzir de forma racional o processo sucessório. Um desses modelos conta com seis estágios, distribuídos de forma a compor a entrada gradual e bem planejada do sucessor na empresa. Assim, o primeiro estágio é denominado como fase pré- empresarial e é quando o sucessor tem um primeiro contato com a organização, visando conhecer o negócio de uma forma planejada. O segundo estágio é denominado como fase introdutória, na qual o sucessor tem uma maior aproximação com a visão estratégica, inclusive analisando o ambiente competitivo.

No terceiro estágio, denominado como funcional-introdutório, o sucessor passa a trabalhar efetivamente na empresa como funcionário em tempo parcial, para capacitar-se e conhecer o melhor "chão da empresa". O quarto estágio é chamado de funcional, pois é onde acontece o aumento da carga de trabalho do sucessor para que, em tempo integral, ele possa melhor dimensionar onde irá atuar, incluindo todos os cargos não gerenciais. Depois temos o quinto estágio, também denominado como funcional avançado, que é justamente quando o sucessor assume efetivamente cargos gerenciais, planejando e decidindo questões estratégicas. Por fim, chegamos ao sexto estágio, no qual o sucessor assume a direção da empresa.

Ao analisar os diferentes modelos de introdução do sucessor na empresa, Junquilho *et al.* (2007) expõem a preocupação com o momento e critério ideal no processo de escolha do sucessor, considerando também importante a busca por capacitação profissional para herdeiros. Essa poderá ser realizada de forma gradual na própria empresa ou até mesmo fora, capacitando-se no mercado de trabalho. Nesse processo, é importante compreender o *core business* da empresa, desenvolver capacitação em liderança etc.

Grzybovski, Hoffmann e Muhl (2008) também evidenciam aspectos para a condução de um processo sucessório racional. Os autores apontam que deve-se buscar um planejamento a longo prazo, educando e preparando os filhos para exercerem profissionalmente as suas funções na empresa que sucederão. Esse planejamento deve ter em conta um conjunto de providências, cuidadosamente planejadas para conseguir, por exemplo, transmitir a cultura da empresa, valores importantes para os negócios, atingir níveis de confiança entre fundador e herdeiros, entre outros.

Além disso, também é importante considerar no planejamento a decisão do momento de participação acionária na empresa, ou seja, o ingresso do sucessor no quadro societário. Nesse ponto, persiste a ideia de que desde criança os herdeiros deveriam ser orientados em questões que envolvessem empresas familiares, como treinamentos específicos e outras formas de preparação e socialização. Todas essas ações estrategicamente planejadas ajudarão a minimizar possíveis conflitos de geração entre os próprios herdeiros e até mesmo ajudar a empresa a tornar-se mais madura nesse processo. Finalmente, Grzybovski, Hoffmann e Muhl (2008) destacam que, para acontecer uma boa sucessão, é importante haver um perfil vocacional identificado no sucessor *versus* o sucedido, considerando sempre um aprimoramento gerencial nos negócios da empresa familiar.

Também na ótica de Borges e Lima (2009), a sucessão deve ser contínua e não somente na época ou ocasião de término da gestão do fundador. Por isso, deve haver um processo consciente de continuidade de gestão com a devida preparação de sucessores. Os autores também lembram que a transmissão gerencial acontece já no momento quando o sucessor ingressa na empresa. Para isso acontecer da melhor forma possível, o sucessor deve contar com o apoio da família na condução dos negócios da empresa. Mais uma vez, é indispensável a preocupação consciente com a aprendizagem desde cedo. Também os autores trazem à tona a questão de delegação de responsabilidades aos sucessores ser um ponto crítico por conta da necessidade de se obter índices de aceitação, credibilidade e legitimidade dos demais envolvidos em bons níveis que não prejudiquem os negócios da família e a consequente sucessão.

Por outro lado, Cançado et al. (2011) abordam como aspecto central da sucessão de empresa familiar a necessidade de equacionar os conflitos reais e potenciais vinculados à sucessão, que, de acordo com os autores, são mais bem tratados quando se adota a prática de governança, sobretudo, com respeito à profissionalização, e no planejamento e preparação de ações prévias para a sucessão. Os autores ainda registram que poderá haver dois tipos de sucessão: a tradicional sucessão familiar por membros da família ou a sucessão profissional com executivos profissionais preparados para administrar os negócios da empresa familiar, o que reforça a necessidade de criação de conselhos de família específicos para lidar com os diferentes interesses.

Quando existe rivalidade familiar e dificuldades devido a não aceitação do sucessor escolhido, o processo sucessório pode representar um forte problema para a empresa, podendo até gerar dificuldades financeiras. Por isso, há sempre necessidade de habilidade de planejamento sucessório, sendo a falta desta um dos fatores citados pelos autores como principal causa na maioria dos fracassos de empresas familiares. Mais uma vez, deparamos com a questão registrada pelos autores quanto à compreensão do ciclo evolutivo representado pelo modelo tridimensional de Gersick et al. (1997), retratados pela complexa relação entre as questões de propriedade, da família e da gestão/empresa. Nesse ponto, autores como Mussi Teixeira e Massukado (2008) chamam a atenção para a necessidade da profissionalização da sucessão, sendo esta observada como uma importante estratégia para eliminação de possíveis problemas relativos à influência familiar no processo. Cançado *et al.* (2011) também lembram a questão do tempo para preparação dos sucessores, em que se faz necessária a capacitação com foco no negócio desde o começo da vida do sucessor.

Por conta desses problemas, Albuquerque *et al.* (2010) lembram a importância de se adotar um modelo de governança do processo sucessório que contemple medidas preventivas, tais como plano de aposentadoria, criação do Conselho da Família, formalização de diretrizes para orientar a carreira profissional dos membros familiares, constituição de um fundo de investimento familiar, formatação de códigos internos de conduta e de regras para a negociação das ações da companhia. Também foi observado pelos autores a necessidade de os gestores preocuparem-se com a gradativa separação entre propriedade e gestão. Esta pode ser obtida com um claro programa de profissionalização ou com a criação de um fundo de investimento com recursos da família para capacitação e orientação dos familiares.

Em síntese, referindo-se a questões da racionalidade gerencial, verificamos que os autores associam o processo de sucessão com as questões da governança e da profissionalização, bem como a questão da estratégia e do planejamento. De uma forma geral, tais referências indicam a preocupação de estruturação de ações que possam dar sustentação ao processo sucessório em empresas familiares, para garantir que as empresas tenham maior longevidade e continuidade dos negócios.

2.2.3 A sucessão de empresas brasileiras sob o prisma da herança patrimonialista

Trazendo as questões do patrimonialismo e do patriarcalismo para a questão da sucessão, devemos considerar que a orientação patriarcal na gestão brasileira é o aspecto central nesse processo. Assim, destaca-se na análise da sucessão o fato desse processo representar manutenção do poder do patriarca e dos valores representados por esse chefe do clã. A indissociabilidade entre família e empresa, a sobreposição do masculino sobre o feminino, a onipotência do pai e a tradição de o primogênito homem ser o sucessor do clã são alguns dos aspectos da herança patrimonialista brasileira que condicionam o processo sucessório em empresas familiares.

A não separação entre família e empresa é um aspecto patrimonialista que se evidencia de várias formas. Gonçalves (2000), por exemplo, demonstra o efeito patrimonialista nas empresas familiares, quando ele considera que as relações interpessoais são fundadas nos laços de parentesco — consanguíneo ou não — e têm no patriarcal a sustentação principal dessas relações. Além disso, o autor lembra que as empresas familiares contemporâneas também herdaram a visão da família patrimonialista em administrar tanto o patrimônio da empresa quanto o patrimônio pessoal como se fosse um único bem privado. Essa visão patrimonialista traz como consequência a presença de comportamentos de autoritarismo, nepotismo, do uso da confiança pessoal do patriarca e não da não consideração da competência gerencial em suas decisões.

Em relação à questão do masculino, alguns autores também evidenciam essa herança patrimonialista no processo de sucessão das empresas contemporâneas. Nesse sentido, Albuquerque, Pereira e Oliveira (2012) evidenciam a figura da mulher — especialmente, esposa e filha — como invisível nas empresas familiares; a mulher é reconhecida apenas em casos extremos, quando o fundador não tem filhos homens ou mesmo em caráter emergencial em momentos de crises familiares. Por conta disso, na sucessão de empresas brasileiras, é predominante a figura do homem, sendo o filho primogênito considerado como o sucessor ideal, em detrimento até mesmo de melhores opções femininas na família. As mulheres, nesse contexto, enfrentam obstáculos consideráveis para sucederem nesses tipos de empresas, determinados até mesmo pela postura de ceticismo dos fundadores.

Albuquerque, Pereira e Oliveira (2012) ainda evidenciam que, por conta de as filhas passarem menos tempo nas empresas, essas desenvolvem menos habilidades gerenciais e também não são encorajadas a seguir os negócios dos pais. Na realidade, seguindo uma lógica patriarcal da cultura brasileira, as mulheres de famílias empresárias são mais preparadas para o casamento, para cuidar do marido, dos filhos e da casa. Nesse ponto, é comum o entendimento de que o papel das herdeiras é cuidar do marido e dos filhos para que estes, sim, sigam os negócios da família. Os autores também abordam nesse contexto a questão da importância da mulher na transmissão de valores familiares. Finalmente, os autores constatam que, apesar da mulher estar cada vez mais participando de processos produtivos de uma forma geral, ainda existe nas empresas brasileiras muitas barreiras para elas assumirem os negócios da família no lugar dos homens.

Em seu estudo, Borges e Lescura (2012) identificaram o afastamento total das mulheres da família na administração da empresa, mas todos os direitos de herança são garantidos como determina a legislação de herdeiros. Quanto a esse critério, os autores mencionam que a empresa criou três regras para a sucessão: i) o crescimento elevado do número de familiares, ocorrendo fragmentação das ações; ii) a necessidade de se evitar a entrada na empresa de pessoas exteriores ao núcleo consanguíneo, fato que justificaria a não participação das mulheres na gestão, o que afasta genros ou outros agregados da sociedade; e iii) apenas os homens herdarão as ações e terão renda apenas da empresa, fato que faz com que eles efetivamente busquem ser pró-ativos na gestão da empresa.

Quanto à questão da sucessão enquanto um processo de transmissão gerencial, a passagem, sob a ótica patrimonialista, é da função do patriarca, não da gestão da empresa. Por isso, a escolha do sucessor se dá por critérios patriarcais, não por critérios da racionalidade gerencial, como foi prescrito pela literatura. Na ótica do patrimonialismo, o controle do familiar sobre a gestão da empresa se estabelece a partir da posse, justamente porque o patrimônio é determinado pelo sangue, ou seja, pelo direito herdado do chefe da família. Esse é o princípio fundamental a garantir a autoridade nas empresas que herdam esse traço.

Nessa perspectiva, observa-se que o processo sucessório sob a marca do patrimonialismo é diferente de outros tipos de transmissão de poder, sendo considerado como um rito de passagem

(JUNQUILHO *et al.*, 2007). Porém, no modelo patrimonialista de sucessão, o foco do rito de passagem é o patriarca sucessor e não a sucessão da gestão. Assim, o processo de sucessão pouco considera como atributos necessários ao sucessor do gestor a qualificação e competência gerencial; o mais importante a ser transmitido é a figura do patriarca, nos moldes do estilo patrimonialista.

Pela perspectiva patrimonialista, é necessário a escolha de alguém que cumpra os requisitos para ser igual ao patriarca, tal qual ocorria nas grandes propriedades rurais do século 19, retratadas por Freyre (2003). Em seu livro, o autor mostra que, visando dar continuidade ao legado do patriarca, o senhorzinho era treinado desde pequeno para incorporar o perfil psicológico do chefe do clã. Por exemplo, Freyre (2003) conta como o filho primogênito era treinado para ser vil: o pai escolhia um escravo da mesma idade que o filho e colocava-o para conviver com o herdeiro, para que este pudesse praticar a tirania desde cedo. Então, essa sucessão como rito de passagem numa concepção patrimonialista é uma sucessão de figura, ou seja, o meu sucessor tem de ser o meu espelho enquanto pessoa e não como gestor. Não haveria um sucessor bom gestor e sim um sucedido bom ditador, bom patriarca com os atributos do sucessor.

Em sua revisão sobre as pesquisas de sucessão em empresas familiares, Junquilho *et al.* (2007) identificam como o rito de transferência de poder e de capital por quem dirige e por quem assumirá um caráter simbólico. Dessa maneira, os autores lembram que os conflitos são amenizados, quando se observa o modo como a empresa vinha operando sob a gestão do sucedido, tornando menos provável os choques com familiares e funcionários. Nesse contexto, pode-se afirmar que é uma transição amena, ou seja, alguém da família assume e mantém as características da empresa assumida, visando evitar o choque de mudança. Os autores também trazem à tona a questão da falta de compromisso pelos sucessores quanto à responsabilidade, que definitivamente não é igual à dos fundadores, pois esses sucessores acabam assumindo a empresa por fatalidade e não por ideal.

No processo sucessório de empresas familiares no Brasil, também existe a preocupação em demasia com o patrimônio e não na transição da sociedade de trabalho. Ou seja, para algumas famílias, a sucessão pode representar uma solução para pagar menos impostos na hora de transmissão e, mais importante ainda, uma solução de emprego e renda para familiares ou ainda como uma possibilidade da manutenção ou fortalecimento de certos vínculos familiares (JUNQUILHO *et al.*, 2007). Por esses problemas, Junquilho *et al.* (2007) apontam o cuidado em haver a preparação do sucessor não somente quanto à sistematização de programas claros de capacitação dos sucessores, mas também considerando a dimensão política junto à família. Por isso, é comum em processos sucessórios a criação de um conselho de família, como se referem esses autores, para haver o envolvimento de todos os membros.

Outro aspecto a ser considerado como problemático na sucessão e que tem relação com os traços patriarcais nas empresas brasileiras é a dificuldade de o herdeiro assumir o papel de sucessor. Por um lado, isso ocorre por conta da excessiva centralização do poder feita pelo patriarca, que costuma assumir o papel de chefe e único soberano na família até sua morte, fazendo, assim, que a transição para os herdeiros seja drástica; além disso, não há uma preocupação em se escolher o melhor herdeiro, pois é tradição que o sucessor seja o filho homem, de preferência, o mais velho. Isso dá um caráter de fatalidade à sucessão, não dando a opção ao herdeiro escolhido de seguir outro caminho profissional.

Sobre essa questão, Mussi, Teixeira e Massukado (2008) ressaltam questões diretamente associadas à dificuldade de se realizar uma transição planejada e progressiva. Nesse sentido, os autores destacam certas dificuldades, tais como a resistência do próprio fundador para o momento em que deve desligar-se da empresa, a sua falta de preparação ou interesse em realizar qualquer espécie de planejamento. Os autores também salientam em seu estudo a dificuldade de identificar possíveis sucessores entre os herdeiros e até mesmo a falta de habilidade em administrar interesses entre as partes. Os autores lembram que a contrapartida poderia ser a criação de um conselho familiar, objetivando o alinhamento dos interesses em prol do negócio, mas tendo o cuidado de afastar a família das decisões estratégicas.

Mussi, Teixeira e Massukado (2008) também identificam como fator de dificuldade para o planejamento da sucessão a forma como os herdeiros enxergam a possibilidade de trabalho em conjunto com o fundador. Sobre esse aspecto, Castro, Morais e Crubellate (2011) também registram que aos sucessores não foi dada a opção de escolherem os seus sócios. Nesse sentido, Andrade, Antonialli e Lima (2006) salientam que, em empresas familiares, há de se identificar características próprias que envolvem o significado atribuído pelos membros da família quanto à interação empresa-família, ao próprio processo de inserção de seus membros na empresa e ao significado da transferência de liderança entre o fundador e o sucessor. Os autores observam que o processo sucessório pode ser visto como uma fatalidade, na qual os filhos não tiveram oportunidade para escolher o seu próprio destino profissional; consequentemente, os sucessores não têm o compromisso com a empresa igual ao pai.

Mussi, Teixeira e Massukado (2008) apontam que essa tensão entre o papel do fundador aconselhador *versus* o papel do sucessor inovador e a empresa familiar fica patente pelo registro dos autores quanto aos desafios de se estabelecer um entendimento. Isso se torna mais difícil em relação à transmissão patrimonial. Também Lima, Borges e Carvalho (2007) apontam a preocupação do sucessor em assumir um negócio de família, quando não existe um bom relacionamento com o predecessor e a obrigatoriedade da continuidade desse processo, fato que gera resistências e dificuldades do predecessor em passar o controle e gestão da empresa. Assim, nesse contexto de sucessão, emergem os seguintes elementos como aspectos- chave de sucessão multigeracional: o pai como elemento-chave, os valores da família e as vantagens identificadas pela ótica do sucessor.

Outro aspecto identificado na literatura como algo que reflete traços patrimonialistas nas empresas familiares é a mitificação do fundador e como essa questão pode influenciar o processo sucessório. Pereira, Roscoe e Vieira (2012) abordam a questão do mito do fundador e como isso afeta a dimensão simbólica da passagem. Os autores apresentam a figura do fundador no processo de construção da empresa que tem como aspecto central a característica da autoridade inquestionável e da presença dessa figura mítica no processo da sucessão. Objetivamente, os autores identificam que a centralização do poder e o autoritarismo dificultaram a preparação dos sucessores, tendo em conta que, pais centralizadores e autoritários podem impedir o crescimento e amadurecimento dos sucessores na gestão. Os autores argumentam ainda que os sucessores devem perceber e aprender a conviver com o mito do fundador e devem lembrar que os fundadores são peças-chaves para a cultura da empresa, já que essas são fortemente pautadas em alguns valores por ele consolidados.

Borges e Lescura (2012) citam que a característica principal de poder na sucessão é a manutenção de uma dominação tradicional. Mesmo sendo a sucessão um processo de mudança do dirigente familiar, os autores consideram que esse é realizado mantendo-se a estrutura de poder vigente, baseado na manutenção do personalismo das relações existentes. Nesse sentido, o nepotismo característico dessas organizações sempre acarreta em um excessivo envolvimento entre empresa e os interesses da família. Borges e Lescura (2012) lembram ainda que o sucessor não é escolhido por suas capacidades e sim com base no parentesco e que nem sempre pode ser a melhor opção para a empresa a escolha do sucessor pelas questões de consanguinidade.

Segundo o levantamento de Ferreira, Lourenço e Oliveira (2010), por conta de aspectos patrimonialistas que existem nas empresas brasileiras, a sucessão representa um momento decisivo para a existência da empresa. Isso por causa do impacto para a empresa, caso a sucessão não seja bem-sucedida. Nesse ponto, os autores lembram que muitas empresas familiares são desfeitas durante ou logo após um processo sucessório mal sucedido. Por esse motivo, os autores também registram a necessidade de medidas de preparação e planejamento prévio, visando evitar conflitos. Mas admitem que há grande dificuldade das empresas brasileiras em proceder com tal orientação racional no processo sucessório, já que a empresa é considerada pela família como um "legado" que o fundador construiu e que pode ser ameaçado no processo sucessório. Isso acaba por gerar resistências de diferentes atores, especialmente membros da família, ou mesmo funcionários da empresa que estão muito arraigados aos valores do fundador, ou ao contexto simbólico-cultural da empresa-família, representado como um mito construído em torno da organização.

3

PROCEDIMENTOS METODOLÓGICOS

Em se tratando de uma pesquisa analítico-descritiva de orientação subjetivista, optou- se como delineamento do presente trabalho o estudo multicasos. Tendo em conta que a intenção do estudo era a de verificar a manifestação dos traços patrimonialistas no processo sucessório de empresas brasileiras, a escolha dos casos foi norteada por critérios de conveniência do pesquisador, especificamente, dentre empresas familiares da região do Grande Rio, nas quais seus dirigentes se dispusessem a participar de um estudo desta natureza.

Nesse ponto, alguns pesquisadores têm observado a dificuldade de se instituir o adequado acesso à realidade organizacional (ALCADIPANI; HODGSON, 2009; VIZEU, 2011) e isso parece ocorrer especialmente em temas considerados pelos sujeitos de pesquisa como polêmicos ou delicados. Como esse é o caso do tema sucessão, procurou-se contatar empresas nas quais o pesquisador ou alguém de seu círculo de contatos tivesse um bom relacionamento prévio, para que o acesso (bem como a abordagem ao tema durante a entrevista) fossem facilitados.

3.1 DELINEAMENTO DE PESQUISA

Segundo Michel (2009), o uso da metodologia de estudo de caso no Brasil é algo muito recente por parte das Escolas de Administração. Mais precisamente, esse método teve início por meio da necessidade de aproximar os alunos das práticas que estudavam em seus cursos, tais como o de Medicina e de Direito. Esse interesse se estabeleceu particularmente na Universidade de Harvard, nos Estados Unidos. Nessa mesma universidade, entre 1909 e 1919, executivos começaram a ser convidados a realizar palestras aos alunos de Administração para evidenciar práticas empresariais, por exemplo, estruturar análises específicas, propor resolução de problemas e deixar de lado apenas a visão acadêmica do que eles estavam aprendendo. Todas essas iniciativas acabaram sendo precursoras ao modelo de estudos de casos naquele país.

Ainda segundo Michel (2009), esse delineamento metodológico retrata uma investigação profunda empreendida para compreender melhor os fenômenos individuais e os fatos que os constituem. Nesse sentido, pode ser aplicado na investigação de processos organizacionais, para o estudo de um grupo social, de uma família, de questões políticas e

sociais, entre outros, com o objetivo de compreendê-los em seus próprios termos, ou seja, no seu próprio contexto.

Ventura (2007) destaca que o estudo de caso tem várias aplicações, por exemplo, proporciona ao pesquisador individual aprofundar-se em determinado aspecto, problema da pesquisa num determinado período e observar certas questões muito específicas que ainda não foram pensadas. Yin (2001) conceitua estudo de caso como uma estratégia de pesquisa que representa uma investigação empírica abrangente, com uma rotina da coleta de dados e análise deles. Para Goode e Hatt (1979), o estudo de caso é um meio de se investigar algo especificamente, revelando as características importantes para o objeto de pesquisa. Serve para organizar dados, estruturando os resultados em relação ao que se está pesquisando.

Stake (2000) registra que o estudo de caso deve ser utilizado quando há interesse em casos individuais e não pelos métodos de investigação que podem abranger. Afirma ainda que nem tudo pode ser considerado um caso, pois um caso é uma unidade específica, um sistema delimitado cujas partes são integradas. Nisbett e Watt (1978) são enfáticos ao definirem que o estudo de caso deve ser entendido como "uma investigação sistemática de uma instância especifica", que pode ser um evento, uma pessoa, um grupo, uma escola, uma instituição, um programa, entre outros.

Quando se aponta que o estudo de caso, pretende ser exploratório e tem uma dinâmica mais livre que outras metodologias

(YIN, 2001; GIL, 2005), não significa que ele seja menos rigoroso. Ainda segundo Michel (2009), o estudo de caso caracteriza-se por um rigor no estudo aprofundado, qualitativo e/ou quantitativo, em que se busca reunir o maior número possível de informações, utilizando-se todas as técnicas possíveis para obtê-las de acordo com o objetivo proposto. No estudo de caso, o rigor se aufere na busca por um maior refinamento em obter as impressões que se pretende investigar, justamente pela penetração na realidade social, diferentemente de uma pesquisa quantitativa (YIN, 2001; MICHEL, 2009).

Michel (2009) registra que o estudo de caso não apenas gera uma competência teórica para a interpretação crítica e qualitativa de uma realidade identificada, mas também cria uma referência de atuação, um modelo de direção para futuro com base nas informações coletadas e na conclusão das análises. O estudo de caso quase sempre é formado por um número pequeno de perguntas que giram num eixo central em torno de "como" e "porque".

Gil (2005) esclarece que o estudo de caso não comporta um roteiro rígido para sua delimitação, mas é pertinente determinar quatro fases que demonstrem seu delineamento: a) delimitação da unidade-caso; b) coleta de dados; c) seleção, análise e interpretação dos dados; d) elaboração do relatório.

André (1984) também aponta que o estudo de caso busca a descoberta, enfatiza a interpretação do texto e, em alguns casos, representa o diferente, o conflitante ponto de vista presente numa situação social.

Finalmente, é preciso empreender alguns cuidados na adoção do delineamento do estudo de caso. Primeiro, deve-se ter em conta que estes delineamentos costumam exigir uma variedade de fontes de informação e seu relato deve ser elaborado em uma linguagem e forma mais acessível do que os outros tipos de relatórios de pesquisa. Ventura (2007) registra que os estudos de casos mais comuns são os que têm o foco em um caso único e singular, caso clínico ou múltiplo, sendo este último o que foi adotado na presente pesquisa. Nossa preocupação em adotar o estudo de caso múltiplo foi a de esgotar ao máximo o objetivo da pesquisa por meio de diversos tipos e segmentos de empresas para não privilegiar apenas um tipo.

Assim, para a presente pesquisa, foram selecionadas 12 empresas, sendo que, dentre elas, seis aceitaram participar do estudo. Essas, por sua vez, ou estão em processo de sucessão familiar ou estão para realizar o processo sucessório. A relação das empresas pesquisadas é apresentada na tabela a seguir, sendo que essas são especificadas por setor de atuação, porte da empresa (considerando o número de funcionários) e tempo de fundação:

Tabela 1 – Relação de empresas do estudo por setor, porte e idade

Empresa/ entrevistado	Setor de atuação da empresa	Porte da empresa por funcionários	Tempo de empresa
1	Indústria e comércio de alimentos	783	63 anos
2	Comércio varejo e atacado	148	28 anos
3	Assessoria e prestação de serviços	114	55 anos
4	Instituto de ensino	129	69 anos
5	Perfumaria e medicamentos	189	31 anos
6	Transportes/coletivos	200	42 anos

Fonte: o autor

3.2 PROCEDIMENTOS DE COLETA DE DADOS

Como principal procedimento de coleta de dados, optamos pela técnica da história oral. Nesse sentido, Meihy e Ribeiro (2011) sugerem que esse método configura um conjunto de procedimentos que começa com a elaboração de um projeto e que continua com a definição de um grupo de pessoas que serão entrevistados e o uso futuro dessas entrevistas.

Ainda de acordo com esses autores, há quatro gêneros de história oral: história oral da vida, tradição oral, história oral temática e história oral testemunhal. No presente trabalho, consideramos a história oral temática, pois estávamos interessados nos relatos sobre um evento em particular, o processo sucessório das empresas escolhidas. Por fim, a história oral é uma metodologia de pesquisa que consiste em obter entrevistas gravadas com pessoas que podem testemunhar sobre acontecimentos, conjunturas, instituições, modos de vida ou outros aspectos da história contemporânea. As entrevistas de história oral são usadas para a compreensão do passado, ao lado de documentos escritos, imagens e outros tipos de registro.

Freitas (2010) retrata a pesquisa oral como ideal para obter informações quanto a temáticas centrais em que se busca um esclarecimento objetivo. A hipótese de trabalho nessa perspectiva tem como característica o teste insistente e o recorte da temática deve ser a base das perguntas que serão feitas pelo entrevistador.

Quanto à pesquisa de campo, Freitas (2010) relata a necessidade de preparar entrevistas semiestruturadas, elaboradas a partir de um tema central, gravadas e na sequência transcritas. Freitas (2010) observa ainda que esse processo de entrevista faz com que o entrevistado viaje literalmente na sua história de vida e acontecimentos, contextualizando aos dias atuais. Diz ainda que existe um movimento de oralidade que a distingue das demais metodologias, por exemplo, a análise de discurso.

Nesse sentido, Cândido, Gricio e Kusumota (2009) também registram a pesquisa oral como um método que vem sendo usado para apurar das pessoas as suas experiências vividas, considerando que esses sujeitos de pesquisa estão dispostos a declarar a respeito de suas vidas, sem afastarem-se do atual contexto social. Cesarino *et al.* (2010) também registram que a metodologia de história oral é um recurso que tende ao esclarecimento ou à opinião do entrevistado sobre algum tema preestabelecido.

O projeto de história oral é uma proposta feita previamente com a intenção de indicar os caminhos construtivos e operacionais da pesquisa. Assim, as entrevistas indicadas no projeto devem servir como meio ou fim de uma investigação mais ampla.

Como fim, as entrevistas podem destinar-se a bancos de dados sobre trajetórias pessoais ou sujeitos históricos relevantes para pesquisas futuras; como meio, essas entrevistas servem como análise do que se pretende ao projeto. Em nosso estudo, a história oral foi utilizada nesse último sentido, em que buscamos retratar, pela trajetória pessoal dos entrevistados, os aspectos mais marcantes do processo de sucessão que eles estavam envolvidos.

Pode acontecer também a história oral híbrida, quando utiliza-se documentos escritos na articulação da entrevista para obter informações. Ainda de acordo com Meihy e Ribeiro (2011), existem três momentos para realização de um projeto de história oral: i) elaboração do projeto, ii) captação, tratamento do produto e guarda do material e iii) a destinação do produto. Nesse sentido, buscamos definir o projeto da história oral tendo por referência o relato de vida dos familiares das empresas escolhidas para o presente estudo, sejam eles sucessores, sucedidos ou simplesmente membros da família.

Quanto ao segundo momento de realização do procedimento, buscamos conduzir as entrevistas da forma mais livre possível, construindo um ambiente favorável e honesto para que o entrevistado relatasse sua vivência e impressões no evento investigado. Também procuramos registrar adequadamente o corpus, transcrevendo as entrevistas na íntegra e revisando após a transcrição. Finalmente, a destinação do registro da história oral foi a análise de dados do presente estudo, a qual é descrita na seção seguinte.

Ainda de acordo com Meihy e Ribeiro (2011), a postura do entrevistador deve ser neutra, imparcial, profissional e distante do entrevistado. É fundamental a decisão de quem será o entrevistado, por tratar da questão de quem representa a história pretendida que será retratada num espírito de colaboração e ética. Esse "fazer" da história oral demanda quatro enquadramentos iniciais: quando, de quem, como e o porquê. Essas perguntas remetem à finalidade da história oral que deve ter de cunho social, sempre.

3.3 PROCEDIMENTOS DE ANÁLISE DE DADOS

Por meio da análise de conteúdo criamos duas categorias que são especificadas no Quadro 2: orientação patrimonialista e orientação empresarial, categorias gerais que condicionaram a seleção do conteúdo de todas as entrevistas transcritas. Tendo em conta a multiplicidade de fatores relacionados às orientações patrimonialista e profissional, foi necessário especificar ainda mais as categorias de referência, o que nos levou a subdividir as orientações em quatro diferentes dimensões.

Quadro 2 – Orientação patrimonialista e profissional no processo sucessório de empresas familiares brasileiras

DIMENSÃO	ORIENTAÇÃO PATRIMONIALISTA	ORIENTAÇÃO EMPRESARIAL
Critérios de escolha do sucessor	Vontade do patriarca; desejo não justificado ou preferência de foro íntimo; tradição de escolha do primogênito.	Regras e normas estabelecidas por lei ou contrato; justificação racional; votação por direto ou cargo.
	Preponderância do masculino.	Impessoalidade e direito legal.
	Consanguinidade e relações de matrimônio.	Meritocracia e competência gerencial formalmente comprovada.
Base das relações	Personalismo.	Impessoalidade.
	Não separação entre relações familiares e relações da empresa (não distinção entre as funções de chefe da família e chefe da empresa).	Separação clara entre a esfera da família, a esfera da empresa e a esfera da propriedade, todas definidas jurídica e formalmente.

Características do processo sucessório	Não planejamento e preocupação tardia com a sucessão, processo desestruturado e informal.	Planejamento e preparação prévia, apoio de profissionais especializados e consultorias.
	Transição turbulenta ou traumática e dificuldade do sucedido em deixar a empresa e "passar o bastão".	Transição na hora certa e de baixo impacto (sem traumas).
	Anunciação prematura do escolhido.	Análise sobre potenciais sucessores.
	Sucessão imediata e brusca com a morte prematura do sucedido.	Gestão provisória e de transição por conta da morte prematura.
Valores e princípios norteadores	Tradição.	Racionalidade.
	Linhagem.	Profissionalismo.
	Laços de família.	*Ethos* capitalista.
	Reificação do clã e mitificação do fundador.	Reificação da empresa.

Fonte: o autor

As quatro dimensões apresentadas no Quadro 2 representam a síntese dos aspectos mais relevantes discutidos na argumentação teórica sobre o tema. De forma geral, as questões foram agrupadas nesses quatro elementos para retratar o que denominamos por um modelo racional de sucessão, tendo-se como referência a orientação tratada na literatura especializada, que prescreve o processo sucessório considerando o bem-estar do negócio, e um modelo baseado na herança patrimonialista que, como foi tratado na revisão, está presente nas empresas brasileiras, especialmente os familiares.

Na primeira dimensão, denominada por "critérios de escolha do sucessor", a orientação patrimonialista se evidencia quando há soberania na vontade do patriarca, manifestada como puro desejo desse que não precisa ser justificado, ou por maior simpatia por determinado herdeiro. Também deve ser considerado nessa dimensão outros aspectos da lógica tradicional colonial brasileira, tais como a tradição de escolha do primogênito, a preponderância do masculino sobre o feminino, a preferência pelos sucedidos que apresentem laços de consanguinidade ou que adquiriram laços por meio de relações de matrimônio com membros da família.

Já a orientação profissional, nessa primeira dimensão, manifesta-se especialmente por meio da legitimidade auferida pelo sistema burocrático de organização (PEREIRA; MOTTA, 1987). Assim sendo, a escolha do sucessor se dá especialmente por critérios de justificação racional, em que se considera a adequada continuidade e manutenção da organização. Para tanto, geralmente se instituem regras e normas estabelecidas por lei ou contrato que definem o processo sucessório; essas regras, por sua vez, costumam arbitrar o direito de votação ou o direito de escolha associado ao cargo, privilegiando a impessoalidade e o direito legal, bem como a meritocracia e a competência gerencial formalmente comprovada.

A segunda dimensão foi denominada por "base das relações". Nesta, as características da orientação patrimonialista são: o personalismo e a não separação entre relações familiares e relações da empresa. A segunda característica se baseia no fato de que não há distinção entre a função de comando da família e da empresa. Essa não distinção faz com que se reproduzam as relações familiares na empresa, subvertendo a autoridade formal.

Ainda nessa segunda dimensão, a orientação profissional é verificada quando as relações se estabelecem pela impessoalidade e pela separação clara entre a esfera da empresa e a esfera da família. Na verdade, conforme foi observado na literatura sobre empresas familiares, uma orientação racional na gestão familiar deve considerar três diferentes esferas — família, empresa e patrimônio —, sendo que as duas últimas devem ser definidas jurídica e formalmente.

Na terceira dimensão, denominada em nosso trabalho como "características do processo sucessório", verificamos a orientação patrimonialista por diferentes fatores, todos eles configurando a falta de orientação racional. Assim, vemos nessa dimensão o não planejamento e preocupação tardia com a sucessão, o processo sucessório sendo conduzido de forma desestruturada e informal; a transição turbulenta ou traumática, bem como a dificuldade do sucedido em deixar a empresa e "passar o bastão", a anunciação prematura do escolhido e a sucessão imediata e brusca com a morte prematura do sucedido.

Em contrapartida, as características do processo sucessório em uma orientação profissional se evidenciam pelo planejamento e preparação prévia, apoio de profissionais especializados e consultorias; transição na hora certa e de baixo impacto (sem traumas); análise sobre potenciais sucessores; gestão provisória e de transição por conta de morte prematura.

Por fim, na quarta dimensão, denominada como "valores e princípios norteadores", a orientação patrimonialista foi identificada por questões como a tradição, a linhagem, os laços de família — incluído aqui os laços feitos pelo matrimônio —, a reificação do clã (representada, por exemplo, na valorização do nome da família e de seu legado em detrimento das pessoas) e a mitificação do fundador (como o grande membro do clã).

Já em uma orientação profissional, os valores que emergem no processo sucessório são aqueles que constituem os princípios da organização burocrática, dos quais destacamos a racionalidade, o profissionalismo, o *ethos* capitalista e a reificação da empresa (pensada nos mesmos termos da reificação do clã da orientação patrimonialista).

4
APRESENTAÇÃO E ANÁLISE DE RESULTADOS

Tendo em vista o *frame* analítico apresentado no capítulo anterior, construímos a análise do *corpus* da pesquisa buscando levantar as palavras-chave que indicassem algum dos elementos mencionados no Quadro 2. Lembramos que partimos da perspectiva de que a orientação patrimonialista na gestão de empresas brasileiras é um forte traço cultural, conforme evidenciado por Grzybovsky, Hoffmann e Muhl (2008), Vizeu (2011) e Campante (2003). Mesmo assim, buscamos nos ater em nossa análise aos critérios das duas orientações tratadas em nosso *framework*, já que a literatura sobre processo sucessório indica a orientação profissional como uma perspectiva esperada nas sucessões bem realizadas. Estes dois modos antagônicos permitiram não somente a verificação da predominância nos casos investigados, mas também as eventuais tensões percebidas pelos participantes, bem como as contradições retratadas em sua fala.

Visando a melhor compreensão dos dados analisados no presente estudo, apresentamos os resultados desta etapa a partir das quatro dimensões do Quadro 2. Também procuramos ilustrar nossas considerações com trechos das entrevistas transcritas, sendo que os entrevistados serão referenciados conforme a numeração da Tabela 1.

4.1 CRITÉRIOS DA ESCOLHA DO SUCESSOR

Nessa dimensão, identificamos em todos os relatos evidências fortes que ilustram uma predominância pela orientação patrimonialista. Todos os aspectos emergiram nas falas, mas alguns se destacaram em relação aos outros. Esse foi o caso da preponderância masculina sobre o feminino, geralmente evidenciada pela escolha dos filhos homens como sucessores naturais. Essa visão foi marcante dentre os casos de sucessoras mulheres, como no caso da empresa 1, observado na fala a seguir:

> Eram quatro irmãos e o [nome do irmão] ficava com a área Comercial, o [nome do outro irmão] ficava com toda a parte de produção, de indústria, e assim, os meninos eram ainda garotos e vinham para cá nessa folga de colégio (E1).

Também no caso da empresa 6, no qual o sucedido somente teve herdeiras mulheres, fez-se presente a ideia de que a continuidade dos negócios deveria ser dada para homens. No caso das empresas 3 e 5, relatos também evidenciam a presença da predominância do masculino, porém de forma mais amena que nos casos 1 e 6. O trecho a seguir, relato de uma das herdeiras da empresa 6, é esclarecedor quanto a essa orientação:

> Pois é, isso é uma questão dele [pai], até expor um pouco, porque é uma questão pra ele, só ter tido filhas, e ter netas. E eu sinto que isso gerava uma certa angústia, de quem vai tocar meu negócio? Porque, de verdade, eu acho que ele pensa até hoje que isso não é negócio para mulher (E6).

A questão da preponderância do masculino sobre o feminino também é evidenciada quando os entrevistados, principalmente a sucessora da empresa 1 e o herdeiro da empresa 5, declararam que os filhos, primos, sobrinhos homens dos respectivos fundadores já eram incentivados desde novos a participar das atividades da empresa. Em suas narrativas, aparece um certo conformismo, uma suposição de que os negócios das famílias já seguem essa tradição, a de que os herdeiros e outros membros da família do gênero masculino devem frequentar o negócio desde cedo, assumindo funções e não fazendo menção às mulheres da família. Isso corrobora a ideia de Albuquerque, Pereira e Oliveira (2012), ao explicarem que a figura da herdeira mulher toma uma forma invisível nas empresas familiares, sendo essas reconhecidas apenas em casos considerados extremos, por exemplo, quando o fundador não tem filhos homens ou em situações emergenciais na família.

Realmente, nos casos investigados, a mulher torna-se uma opção no processo sucessório, tendo em vista a falta de opções entre os herdeiros diretos. Assim, vemos que a consanguinidade também apareceu como uma questão importante, outra marca da orientação patrimonialista. Mesmo assim, a presença feminina na direção dos negócios é amenizada pelo apoio dos homens, principalmente dos maridos. Isso ficou claro no caso da empresa 6, em que a presença das duas herdeiras mulheres na empresa é acompanhada dos seus respectivos maridos. Na fala seguinte, vemos que existe um entendimento da importância da presença deles na empresa: *"Hoje em dia o meu marido já faz muita coisa de muita confiança. A parte de TI toda já passa por ele, quer dizer, mexe com dinheiro também, com a receita"* (E6).

Mesmo considerando essa forte presença do marido nos negócios da família, há uma certa ambiguidade nessa questão, por conta do fato de que a esposa é a legítima herdeira, ou seja, ela é a filha de sangue do sucedido. Interessante ressaltar que essa entrada do marido na empresa familiar geralmente é feita de forma a ressaltar o seu papel enquanto membro da família. Isso ocorre delegando a eles algum cargo administrativo em que ele é visto como o marido da filha do dono, esperando-se, com isso, um maior respeito e aceitação da mulher como sucessora dos negócios da família. Nesse caso, é como se o casamento reafirmasse a estrutura da família patriarcal, que tem no homem o grande líder e protetor (FREYRE, 2001).

Em todos os seis casos, mesmo com as diferenças já mencionadas, os homens da família são observados como atuando direta ou indiretamente no processo de sucessão, seja como o sucessor natural e inquestionável, seja dando credibilidade às herdeiras mulheres. Assim, os homens, não importa que tipo de laços tenham com o fundador — filho, sobrinho ou genro —, são vistos como os responsáveis pela manutenção da tradição dos negócios e da própria continuidade da família para o futuro.

Essa ideia se evidencia em quase todas as entrevistas, sendo marcante nas empresas 2, 3, 4 e 5, por conta do sucessor ou herdeiro ser homem. As mulheres eram encaradas como assumindo o papel de dar sequência à família, gerando filhos, cumprindo afazeres domésticos ou mesmo tendo a liberdade de seguirem outros ramos, já que não são vistas como opções ideais para dar sequência ao negócio da família.

Essa predominância do masculino sobre o feminino não indica que as mulheres são totalmente ausentes do ambiente da empresa. Os dados de pesquisa revelam o entendimento que as mulheres até poderiam ocupar algum cargo administrativo na empresa, mas sem o compromisso de ser o sucessor idealizado pelo fundador. Mais uma vez, esse entendimento também ficou evidente na empresa 6, onde a herdeira menciona que, mesmo ocupando um cargo na empresa, seu pai entendia que para a direção do negócio era necessário alguém de pulso, com expressão máscula, viril e forte. A própria herdeira acaba por internalizar o entendimento do pai de que os negócios são para os homens, como indica o seguinte trecho da sua entrevista: *"Não sendo machista, mas eu acho que é um fato, porque é um trabalho muito masculino mesmo, eu acho que uma mulher pra tocar um negócio desse... Tocar que eu digo é sentar ali na cadeira de diretoria"* (E6).

Interessante notar que esse fato reforça a dificuldade de as mulheres assumirem a direção na ocasião da sucessão. Como mencionam Albuquerque, Pereira e Oliveira (2012), é justamente por conta desse tratamento que as mulheres acabam desenvolvendo menos habilidades gerenciais, passando menos horas na empresa.

Assim, nos casos estudados onde existiam herdeiros homens ou outros membros da família nessa condição, era costume que esses já acompanhassem o sucedido desde a infância, mesmo que fosse nas horas vagas do dia e nas férias, sendo que essa presença era dada por imposição e sem opção de negativa do herdeiro. Essa presença dos herdeiros e outros familiares homens desde a infância correspondia à expectativa de que esses assumissem alguma função ao lado do fundador, com a promessa de que seriam seus substitutos no futuro, e a ideia de que receberiam alguma compensação caso decidiram abdicar de outras oportunidades no mercado externo de trabalho para dar preferência à continuidade do negócio da família. Essa evidência ficou particularmente marcante na entrevista do sucessor da empresa 4:

> *Aqui no colégio. Antes fui inspetor, depois professor em sala de aula com biologia. E em 75, eu já casado, ele sentou e falou: meu filho, amanhã ou depois na minha ausência você vai ter que me substituir na escola, eu não tenho outra pessoa. E gostaria que você fizesse Administração Escolar. Eu tinha minha filha nascido de pouco, e ele me disse o seguinte: você vai ter que fazer à noite, porque eu não vou te liberar durante o dia. Depois das 17h você tem tempo. E ele sentiu que eu fiquei meio desequilibrado porque estava com uma filhinha nova em casa, tinha nascido há pouco tempo. E ele encerrou dizendo o seguinte: quando você terminar o seu curso, eu dobro o seu salário aqui dentro (E4).*

Quanto aos indícios da presença de uma orientação profissional em relação aos critérios de escolha do sucessor, esses foram muito pouco evidenciados pelos entrevistados. Basicamente, foram identificados alguns indícios de uma tênue consideração à questão da meritocracia e competência gerencial.

Nesse ponto, alguns aspectos da história de sucessão vivenciada por alguns dos herdeiros/sucessores apontam que essa orientação esteve presente quando o sucessor adquiria uma formação profissional que poderia ser aproveitada na empresa, especialmente em funções demandadas por conta do crescimento do negócio, como foi o caso da empresa 6, em que as herdeiras fizeram curso superior em áreas necessárias à empresa. Também em poucos casos, encontramos a situação do sucessor adquirir experiência em funções menores seguindo orientação do sucedido, para que, gradualmente, o herdeiro pudesse ocupar cargos de maior responsabilidade na empresa.

4.2 BASE DAS RELAÇÕES

Na dimensão da base das relações, a orientação patrimonialista também se manifestou de forma mais expressiva. Nesse sentido, tanto a questão do personalismo quanto a da não separação entre as relações familiares e as funções da empresa manifestaram-se de forma contundente por meio do relato dos entrevistados. O primeiro aspecto se manifestou, como já foi observado no item anterior, pela sobreposição dos vínculos familiares sobre os cargos formais da empresa — ou seja, mais importante que deter um cargo formal é ser membro da família.

Quanto ao segundo aspecto, o elemento fundamental é o espelhamento da autoridade familiar na estrutura de cargos da empresa. Assim, integrantes da família detinham poder na empresa segundo seu papel no clã. Isso era evidente no caso do chefe de família, especialmente quando o sucessor era homem.

Da mesma forma, também havia um espelhamento da postura do fundador no papel de chefe de família e diretor da empresa, em que traços de um papel são reproduzidos no outro. Assim, tanto na família quanto na empresa, os fundadores são lembrados por serem excelentes patrões, bons líderes, exemplo de pessoa, mas também por serem temidos, tanto pelos empregados quanto por todos na família, como evidenciado nas entrevistas 1, 2, 3, 4 e 6. Ou seja, o fundador proprietário — bem como seus sucessores — deveria ser "pai", tanto para os funcionários quanto para os próprios filhos, e chefes tão rigorosos em casa quanto eram na empresa. Finalmente, o traço da não separação entre a esfera familiar e a da empresa é percebido pela presença das questões da empresa dentro do lar, como sugere o seguinte trecho, do relato do sucessor da empresa 4: *"Uma coisa eu faço diferente de meu pai. Nunca, e olha que eu me dedico, antes das 7h, eu e minha esposa, estamos aqui, e sem hora pra sair. Agora, não faço o que o meu pai fazia. Não levo nada pra casa"* (E4).

Em contrapartida a essa invasão do ambiente familiar das questões da empresa, verificou-se que o contrário também ocorria. Isso se deu especialmente pela presença dos herdeiros desde pequenos nas dependências da empresa, exercendo funções de confiança, o que não necessariamente implicava em um preparo para a sucessão, pois essa experiência não se dava necessariamente em cargos de gestão. Assim, o ambiente do negócio se confundia com o ambiente familiar, como sugere o relato do herdeiro da empresa 5:

> Quem trabalhava com a gente eram alguns primos, parentes, e eu e minha irmã. Eu ia para o caixa da farmácia de manhã e a minha irmã ia de tarde, ou vice versa. Então a gente começou a trabalhar com 11 anos de idade. Então toda essa cultura do comércio foi vindo pra mim (E5).

A dedicação de horas excessivas no ambiente da empresa em detrimento do convívio do lar, além de ser uma marca dos empresários-fundadores, também era cobrada por eles sobre os herdeiros. Isso fica claro na empresa 6, como sugere o seguinte trecho:

> Porque como o meu pai sempre foi um cara de trabalho-casa, o tempo que ele estava em casa e final de semana, apesar dele trabalhar todo o final de semana, ele chegava na empresa 5h, 6 horas da manhã e até hoje, sábado, domingo. Se você ligar 7 horas da manhã pra casa dele, ele não está em casa, ele está na empresa. A gente diz, não há mais necessidade disso, mas, pra ele diz que o chapéu tem que estar no chapeleiro, o dono tem que estar na casa (E6).

Também foi declarado pela herdeira da empresa 6 que os hábitos das famílias confundem-se com os da empresa. Foi relatado que em momentos como o almoço em família e finais de semana sempre a empresa estava em primeiro lugar. Esse aspecto também apareceu nos outros casos estudados.

Quanto aos indícios da orientação profissional, pudemos observar situações pontuais relatadas que sugeriam a separação entre a esfera da empresa e a esfera da família. Por exemplo, na empresa 1, a sucessora comentou que existe o cuidado com os interesses dos acionistas, sendo que esses interesses são diferentes dos familiares. Na visão dessa dirigente, os acionistas têm como objetivo apenas os lucros e a empresa deve estar preparada para saber distinguir os interesses do negócio familiar, controlado apenas pela família, para o negócio familiar com a participação de acionistas externos. Essa sucessora mencionou ainda que a família deve ter em mente que também não deixam de ser empregados e devem seguir algumas regras comerciais, mantendo-se a ética jurídica. Esse talvez tenha sido o aspecto observado nos casos estudados mais próximo da separação entre a esfera patrimonial, familiar e empresarial, apontada por Gersick *et al.* (1997).

Também pudemos perceber uma certa ambiguidade na fala dos entrevistados (lembrando aqui que todos são sucessores ou herdeiros) em relação à dedicação da família à empresa. Em certos momentos, verificamos a angústia dos filhos dos fundadores com a não divisão clara do tempo para empresa e tempo para família por parte do seu genitor.

Assim, observamos a orientação oposta, remetendo a busca pela disciplina em se separar trabalho e lar. Ou seja, muitos dos herdeiros afirmaram sua imposição por jornadas tradicionais de oito horas diárias, evitando-se trabalhar finais de semana para dedicar-se mais às famílias, como foi evidenciado no trecho anteriormente citado do sucessor da empresa 4.

4.3 CARACTERÍSTICAS DO PROCESSO SUCESSÓRIO

Seguindo a tendência anterior, nessa dimensão, também foi predominante a orientação patrimonialista. Encontramos nos relatos a ideia clara de que os fundadores trabalhavam a questão sucessória informalmente, como se fosse algo natural de acontecer sem a necessidade de planejamento prévio. Isso corrobora a afirmação de Mussi, Teixeira e Massukado (2008) de que tal procedimento reflete a dificuldade do fundador em aceitar o tema sucessão em suas empresas, como se fosse uma espécie de resistência do próprio fundador para este momento.

Na verdade, esses empresários acreditam que, por eles serem os pioneiros, fundadores, empreendedores, precisam continuar à frente dos negócios toda a vida e, por isso, nem gostam de pensar nessa situação, como indicaram os relatos dos herdeiros que ainda não assumiram a direção da empresa.

De certo modo, os fundadores acreditam serem insubstituíveis. Por isso, não foi identificada preocupação por parte dos sucedidos em preparar profissionalmente o herdeiro para a transição amena e sem sobressaltos, como sugere a literatura referenciada em nossa revisão teórica.

Por meio de alguns entrevistados, pudemos evidenciar que os sucedidos quase nunca falavam para a família a sua preocupação em preparar a sucessão de forma estruturada, planejada e profissional. Pelo contrário, em alguns casos, o fundador falava de seu temor pela continuidade do negócio de família, sugerindo que seus herdeiros deveriam procurar outra atividade. Considerando o processo sucessório da segunda geração, o atual dirigente da empresa 4 apontou seu temor pela capacidade dos seus herdeiros em manter o negócio. Sobre esse ponto, ele afirmou:

> Mas não houve incentivo da minha parte nem da parte da mãe devido a essas colocações que eu estou fazendo a você, dessas dificuldades que nós passamos, falta de incentivo do governo. Não apoia em nada, pelo contrário (E4).

Em alguns casos, essa situação tornou-se tão extrema que, por falta de planejamento e estruturação, os dirigentes acabam tendo de fazer uma transição turbulenta, traumática e até mesmo prematura, por conta de doença, idade avançada ou a morte do fundador. Como sugere a literatura e conforme indicado em nossa síntese sobre a orientação patrimonialista, a resistência dos fundadores em dar início ao processo sucessório se deve pela dificuldade desse em "passar o bastão", pelo fato desses serem excessivamente centralizadores.

Essas situações de falta de planejamento e preparação para a transição da gestão entre as gerações também fazem com que membros da família sejam obrigados a assumir as funções na empresa em detrimento de sua carreira profissional externa. Em certos casos, identificamos que essa ideia de colocar a carreira externa em segundo plano face à necessidade de ajudar no negócio da família se deu por situações inesperadas, tais como por conta da saúde do dirigente, conforme relatou a herdeira da empresa 6, que teve de reduzir sua atividade na psicologia clínica para assumir um cargo na empresa.

Em relação às características do processo sucessório identificadas, também ficou evidenciado a presença das dimensões anteriores. Isso pode ser observado ao se analisar os princípios do modelo de Gersick *et al.* (1997) da gestão multigeracional baseada nos eixos de relacionamento entre as dimensões "indivíduos, família e empresa".

Esses elementos aparecem em alguns momentos nas entrevistas como o processo sucessório que ocorre gradativamente, de acordo com o desenvolvimento gradual e fortalecimento das relações familiares, baseados nas afetividades. No caso da empresa 5, o sucessor relatou que a confiança foi aumentando aos poucos e isso não somente em relação ao sucedido, mas também em relação aos outros membros do círculo familiar. De certo modo, esse aspecto de gradual desenvolvimento da confiança também foi relatado em certa medida nas demais entrevistas. Foi relatado pelos sucessores e herdeiros entrevistados que esse processo gradual de presença na empresa acabou tornando mais confortável o papel de liderança no negócio da família.

Na questão da orientação profissional na dimensão "características do processo sucessório", os relatos dos sujeitos de pesquisa revelam poucos elementos. Na verdade, em alguns dos casos estudados, houve a intenção de se qualificar o herdeiro na atividade-fim do negócio, como no caso da empresa 3, que atua no ramo de contabilidade: *"Depois veio eu como filho mais novo e fui também para a parte contábil, que eu já trabalhava antes até de ir para o escritório dentro de casa junto com ele, com as escriturações"* (E3).

Essa preocupação por parte do sucedido também esteve presente no caso da empresa 4, como sugere o trecho seguinte: *"Ele sentou e falou: meu filho, amanhã ou depois na minha ausência você vai ter que me substituir na escola, eu não tenho outra pessoa. E gostaria que você fizesse Administração Escolar"* (E4).

Apesar desses casos de qualificação dos herdeiros no ramo de atividade do negócio de família, em nenhuma das empresas entrevistadas houve um processo formal de preparação planejada de seus sucessores com apoio de profissionais especializados, como sugere a literatura especializada para que haja baixo impacto na hora da sucessão. O que encontramos em alguns dos casos foi a preocupação com que o sucessor buscasse externamente alguma experiência profissional, trabalhando num mesmo segmento de empresa da família.

De certo modo, os relatos indicam que a intenção nessa medida foi a de garantir um adequado preparo para o sucessor e que este pudesse experimentar a realidade do negócio fora da proteção do pai. Essa preocupação reflete o que Lima, Borges e Carvalho (2007) apontam como a necessidade de se empreender uma escolha racional do sucessor.

Mesmo assim, não foi identificado em nenhum dos casos uma preocupação direta com um processo sistemático de seleção, treinamento, formação profissional, socialização e o desenvolvimento de sucessores. Como foi indicado por Borges e Lima (2009), isso é fundamental para a sucessão ocorrer com segurança e probabilidades maiores de haver consolidação no futuro da empresa.

Nesse sentido, Junquilho *et al.* (2007) lembram das mudanças que sempre ocorrem quando acontece a sucessão familiar e consequentemente é preciso haver competências para quem vai suceder para ter habilidade em possíveis conflitos por conta dessas mudanças. Na empresa 6, emergiu a preocupação com tais competências interpessoais, como será observado na seção seguinte.

Por fim, não foi identificado em nenhum dos casos a preocupação com a transição. Nesse sentido, a retirada do fundador, apesar de ter sido mencionada como algo sabido durante a trajetória da empresa, não era posta de forma clara. Como lembra Junquilho *et al.* (2007), para haver uma sucessão bem-sucedida, deve haver gradativamente o estabelecimento de certas etapas, sendo que as duas últimas são a gestão em conjunto e a retirada do fundador.

Mesmo considerando que em quase todos os casos os sucessores e sucedidos trabalharam algum tempo juntos, isso não configurou como uma gestão em conjunto. Isso se explica pelo fato dos fundadores de as empresas estudadas assumirem uma gestão extremamente centralizadora, mas também por conta de não ter sido empreendido em nenhum dos casos um processo claro que identifique o herdeiro como o sucessor.

De certo modo, essa não identificação do herdeiro como sucessor também foi devido à ausência de um critério claro para a escolha do sucessor, considerando a busca do herdeiro ideal que atenda a capacitação profissional de uma forma geral. Ou seja, diferentemente do que alertam Grzybovski, Hoffmann e Muhl (2008) quanto à necessidade de se estabelecer um planejamento a longo prazo para a questão da sucessão familiar, em nenhum dos casos isso ocorreu.

Apenas o sucessor na empresa 3 mostrou preocupação do genitor em desenvolver um treinamento para os filhos homens, levando trabalho para casa para que estes o ajudassem, mas isso sem configurar um processo sistemático de planejamento prévio quanto à sucessão do mesmo. Pelo contrário, o entrevistado acredita que essa iniciativa do seu progenitor se deu mais com a intenção de obter ajuda no trabalho, considerando que eram muitos filhos e que, por estarem em começo de negócio, necessitavam de empregados não remunerados.

4.4 VALORES E PRINCÍPIOS NORTEADORES

Na dimensão de valores e princípios norteadores, identificamos pelas entrevistas a forte presença da tradição, manifestada como orgulho pela história da empresa e pelos feitos do seu fundador.

A mitificação do fundador como um ícone da empresa ficou evidenciada especialmente nas empresas 1, 2, 4 e 6. A questão do valor da tradição também foi sinalizada pela importância dada à linhagem, ou seja, os laços familiares são mais importantes do que a competência profissional de não familiares.

Todas as entrevistas mostram que a família é um valor em si mesmo e que esse é o princípio fundamental que influencia os negócios. Por isso, em todos os casos, o nome da família está diretamente associado à própria história da empresa. A ideia de linhagem também se associa à longevidade da empresa, fazendo com que os longos anos de existência da firma pesem como um legado para a família, reforçando os princípios da orientação patrimonialista. Dentre os aspectos da orientação patrimonialista elencados no Quadro 2 para essa dimensão, um de grande evidência foi a mitificação da figura do fundador. Este era mencionado em todos os casos como um grande homem, com capacidades excepcionais, principalmente sua visão empreendedora e capacidade gerencial. Isso é tomado de forma a dificultar a própria sucessão, pois os herdeiros não conseguem se visualizar capazes de assumir a empresa da mesma forma que o fundador, como sugere o seguinte trecho:

> *Então ele [o fundador] é uma pessoa que as pessoas respeitam muito, apesar de não ter tido segundo grau, de não terminar nem a oitava série, mas conseguiu um respeito, porque ele tem uma capacidade gerencial absurda. E eu acho que é isso que é uma das raízes do entrave aí pra sucessão, porque a gente enquanto filho não se sente muito capaz de substituir esse cara, entendeu? Quem vai substituir com essa capacidade? É como você falou, eu fiz Psicologia. É muito difícil você ver uma mulher na administração de uma empresa de ônibus* (E6).

A maior temeridade sentida pelos sucessores e herdeiros, em todos os casos, é não serem capazes de reproduzir o estilo de gestão do fundador. Isso se traduz especialmente em uma suposta capacidade empreendedora extraordinária, bem como um ritmo de dedicação à empresa que eles não se sentem capazes de dar conta. Isso ficou particularmente evidente nas empresas 6 e 3. Todavia, no caso da empresa 5, houve um esforço por parte do herdeiro em acompanhar o ritmo de trabalho do pai:

> *Aí fiz técnico em química, já estudava à noite. O básico eu estudava de manhã. Então trabalhava de manhã e estudava à noite. Já no terceiro ano eu estudava no Equipe de manhã, trabalhava de tarde e estudava à noite. Eu nunca deixei de trabalhar com o meu pai. Quando foi em 1991 eu passei pra Universidade Federal, pra fazer Engenharia Química. Aí fui fazer Engenharia Química. No primeiro período, como eu tinha que fazer o quarto ano, eu estudava de manhã e de tarde na Rural, e no Abeu de noite. E final de semana trabalhava na farmácia (E5).*

Nas demais entrevistas, encontramos também algumas menções a ações empreendedoras dos sucessores, mas de menor intensidade. Porém, da mesma forma que no caso 5, essas ações empreendedoras acompanham mais a prática dos fundadores do que as próprias características adquiridas após ou durante a sucessão.

Em conformidade com Pereira, Roscoe e Vieira (2012) que afirmam ser a autoridade do fundador inquestionável por conta desse ser figura mítica entre os membros da empresa, vemos em todos os casos essa idealização do sucedido. Um grande homem, muito capaz, com habilidades excepcionais e grande responsável pelo sucesso da empresa, pessoa respeitada por outros empresários do seu ramo são alguns dos atributos que emergiram nas falas dos entrevistados. É importante dizer que esse mito se confunde com a mitificação da própria família, entendida como uma entidade reificada e cuja importância se sobrepõe às pessoas.

Assim, percebemos na maioria dos casos o sucessor sempre procurando seguir os passos do fundador. Às vezes, até mesmo a vestimenta habitual do fundador significa um código de identidade da empresa, como foi relatado pelo sucessor da empresa 4. Isso corrobora a metáfora do DNA mencionada por alguns autores, ou seja, a identificação pelo laço de sangue entre o fundador e os herdeiros, tornando imperativos que os sucessores assumam as mesmas características que seu progenitor. Esse talvez seja o maior efeito para o processo de sucessão do mito do fundador em relação aos seus seguidores na empresa e na família. Essa representação consegue espelhar para todos os funcionários e mesmo para os membros do conselho administrativo, nas empresas que contam com essa estrutura de governança.

Mais uma vez, o traço patrimonialista mencionado na literatura se fez evidente nos casos estudados. Os funcionários mais antigos são tidos quase como membros da família e sua importância para os familiares é dada mais por conta das experiências acumuladas ao longo dos anos do que pela questão de formação especializada, que, em alguns casos, não existia. O valor dado aos funcionários antigos reflete a própria retórica de saga da empresa, pois esses são considerados testemunhas dos longos anos de experiência e principalmente dos tempos pioneiros na fundação da empresa familiar.

Em contrapartida, nessa última dimensão, praticamente não foi evidenciado a orientação profissional. Nas entrevistas realizadas, poucas foram as menções à importância da racionalidade e do profissionalismo na gestão dos sucessores como preocupação central dos fundadores. Quanto à reificação da empresa, podemos dizer que essa se confunde com a reificação da família, tomada como legado e continuidade a partir da continuidade da empresa.

CONCLUSÃO

Tendo por base a literatura brasileira sobre o processo de sucessão em empresas familiares, este estudo procurou observar o fenômeno da sucessão em um conjunto de empresas fluminenses, por meio do método de estudo de multicascos.

Para dar conta deste intento, pesquisamos o problema da sucessão a partir de dois diferentes tipos de orientação, a patrimonialista e a profissional. Esta última verifica o processo sucessório, quanto a questões de planejamento, profissionalização, preparação e introdução do sucessor por meio dos princípios da racionalidade administrativa. Já a orientação patrimonialista expressa a herança histórica do modo de gestão rural, característico das grandes propriedades escravagistas que eram a base do sistema econômico e social no Brasil colonial e imperial. Assim, neste tipo de gestão, evidenciam-se aspectos tais como o poder absoluto do patriarca, a não separação entre as esferas da família e da empresa, a tradição de que o sucessor seja o filho homem mais velho, a sobreposição do masculino sobre o feminino, entre outras questões.

Nesses termos, o trabalho procurou responder ao objetivo proposto de descrever e analisar em que medida, nos casos de sucessão em empresas familiares escolhido para o estudo, há o traço patrimonialista das empresas brasileiras. Nesse sentido, evidenciou-se em todos os casos estudados a predominância dos aspectos de orientação patrimonialista, mas se verificou que os aspectos que caracterizam essa orientação se manifestam de forma diferente nas empresas. Por exemplo, identificamos em duas empresas que o fator mais relevante para determinar o processo sucessório foi a questão do sangue, pelo fato de, nessas famílias, não haver herdeiros homens. Também percebemos que, em cada caso, os aspectos patrimonialistas influenciam a empresa de forma diferente.

Por exemplo, em uma das empresas, um aspecto de grande evidência foi a questão das relações familiares de autoridade que se repetem na empresa, por exemplo, uma mãe que tem poder de mãe e continua tendo ascendência sobre os filhos na empresa. Em outro caso, percebe-se que a orientação patrimonialista afetou a saúde financeira da empresa. Nesse sentido, ficou evidente que certos aspectos da orientação patrimonialista podem ser questionados pelos membros da família quando afetam a saúde financeira e inviabilizam a manutenção do negócio a longo prazo.

O estudo multicascos também revelou que, apesar do processo sucessório de orientação profissional ser o modelo prescrito pela literatura, houve poucas evidências dessa orientação. Mesmo assim, pode-se verificar que quando esse modelo não predominou, a empresa passou por dificuldades, fato esse que confirma a ideia de que a orientação profissional é a mais racional para garantir a manutenção do negócio e a sustentabilidade da empresa no futuro.

É bom ressaltar que, nos casos investigados, a família também passava por crise e dificuldade financeira. Percebemos que, por não haver separação entre a relação família- empresa, a crise nos negócios causava grande impacto nas relações familiares e isso acabava por retornar a própria empresa. Nesse sentido, a questão do patrimônio também refletiu como um elemento de grande conflito familiar. Nesse ponto, mesmo o patrimônio ser observado como um bem de família — tal qual ocorre na perspectiva colonial —, verificou-se nos casos estudados a preocupação com a herança sob o ponto de vista jurídico-econômico, algo que, quando observado, contribuiu para a desarticulação dos laços familiares, abalando, por conseguinte, a ideia de família enquanto legado e tradição.

Do ponto de vista teórico, o trabalho também permitiu retomar aspectos centrais dos estudos de empresas familiares, tais como o comprometimento de sucessores, a avaliação da gestão de empresas e transmissão do patrimônio, bem como o processo de inserção e capacitação de sucessores como sendo algo necessário para se efetivar um processo sucessório que traga pouco comprometimento para a empresa e os negócios. Nesse ponto, o fato de pouco ter sido evidenciado a orientação profissional nos casos de sucessão investigados serviu para verificar os efeitos nocivos na condução não racional desse processo. Assim, em todos os casos investigados, foi possível identificar problemas para a empresa ou mesmo para a família, tais como dificuldades financeiras e desavenças entre familiares.

Quando se observa o levantamento bibliográfico, percebe-se que o tema sucessão de empresas familiares no Brasil tem sido alvo de muitos estudos, pesquisas e artigos acadêmicos, face à importância da sucessão em empresas familiares na realidade organizacional brasileira. Apesar disso, a perspectiva adotada por estes estudos pouco tem considerado a questão da herança cultural que constitui o contexto empresarial nacional. Por conta disso, é importante ressaltar autores que têm evidenciado as bases culturais das organizações familiares brasileiras, tais como Gonçalves (2000), Motta (2011), Freitas (2011), Davel e Vasconcelos (2011), Pereira (1974), entre outros.

Nesse sentido, outro aspecto central do presente trabalho diz respeito à sua perspectiva histórica. Assim, para dar conta da presente investigação, tomamos um dos traços mais marcantes da elite brasileira, o patrimonialismo, uma herança dos tempos do Brasil colonial que ainda parece ser sentida no meio profissional desse país.

Por fim, podemos concluir que, nos estudos sobre processos de sucessão familiar, há necessidade de considerar os mecanismos de conscientização sobre a preparação do sucessor, as formas pelas quais tanto o sucedido quanto os herdeiros poderão vislumbrar que o adequado planejamento desta transição pode garantir a continuidade dos negócios, bem como o equilíbrio das relações familiares. Da mesma forma, é preciso considerar que, muitas vezes, a continuidade do "legado" do fundador implica na desconsideração da vontade dos herdeiros; sob uma perspectiva racional, é preciso considerar que os negócios são um patrimônio, e a gestão desse não é necessariamente uma obrigação dos herdeiros, podendo ser terceirizada para administradores não proprietários.

REFERÊNCIAS

ALBUQUERQUE, A. L. *et al.* Governança, sucessão e profissionalização em uma empresa familiar: (re)arranjando o lugar da família multigeracional. *In*: ENCONTRO DA ANPAD, 34., 2010, Rio de Janeiro. **Anais** [...]. Rio de Janeiro: ANPAD, 2010.

ALBUQUERQUE, A. L.; PEREIRA, R. D.; OLIVEIRA, J. L. Sucessoras invisíveis: a construção social do gênero e a sucessão em uma empresa familiar. *In*: ENCONTRO DA ANPAD, 36., 2012, Rio de Janeiro. **Anais** [...]. Rio de Janeiro: ANPAD, 2012.

ALCADIPANI, R.; HODGSON, D. By Any means necessary? Ethnographic access, ethics and the critical researcher. **Tamara Journal for Critical Organization Inquiry**, [*s. l.*], v. 7, n. 3/4, p. 127-146, 2009.

ANDRADE, D. M.; ANTONIALLI, L. M.; LIMA, J. B. Significados do processo de sucessão em uma empresa familiar. *In*: ENCONTRO DA ANPAD, 30., 2006, Salvador. **Anais** [...]. Salvador: ANPAD, 2006.

ANDRE, M. E. D. A. Estudo de caso: seu potencial na educação. **Caderno de Pesquisa** [online], [*s. l.*], n. 49, p. 51-54, 1984.

ARAÚJO, M. C. S.; DOURADO, D. C. P. Herança colonial nos museus públicos da cidade do Recife: a presença do patrimonialismo na escolha de seus dirigentes. **Revista Eletrônica de Gestão Organizacional**, [*s. l.*], v. 4, n. 3, p. 54-67, nov./dez. 2006.

BARBOSA, L. **O jeitinho brasileiro**. São Paulo: Elsevier, 2005.

BENDIX, R. **Max Weber, um perfil intelectual**. Brasília: Editora UnB, 1986.

BERGAMASCHI, L. S.; CUNHA, J. S.; FILIPE, F. P. Relações de gênero: uma categoria introduzida ao modelo tridimensional de desenvolvimento de empresa familiar. *In*: ENCONTRO DA ANPAD, 30., 2006, Salvador. **Anais** [...]. Salvador: ANPAD, 2006.

BORGES, A. F.; CARVALHO, F. A. P.; LIMA, J. B. Interação entre indivíduos, família e empresa na construção do processo de sucessão em uma empresa familiar. *In*: ENCONTRO DA ANPAD, 32., 2008, Rio de Janeiro. **Anais** [...]. Rio de Janeiro: ANPAD, 2008.

BORGES, A. F.; LIMA, J. B. A construção do processo de sucessão empreendedora em empresas familiares. *In*: ENCONTRO DA ANPAD, 2009, São Paulo. **Anais** [...]. São Paulo: ANPAD, 2009.

BORGES, A. F.; LESCURA, C. Sucessão em empresas familiares: um olhar sobre a pesquisa brasileira. *In*: ENCONTRO DA ANPAD, 36., 2012, Rio de Janeiro. **Anais** [...]. Rio de Janeiro: ANPAD, 2012.

BRESLER, R. A roupa surrada e o pai: etnografia em uma mercenária. *In*: MOTTA, F. C. P.; CALDAS, M. P. **Cultura organizacional e cultura brasileira**. 1. ed. São Paulo: Atlas, 2011. p. 111-126.

CAMPANTE, R. G. O patrimonialismo em Faoro e Weber e a sociologia brasileira. **DADOS** – Revista de Ciências Sociais, [s. l.], v. 46, n. 1, p. 153-193, 2003.

CANÇADO, L. V. *et al*. Ciclo evolutivo e sucessão em uma empresa familiar: um estudo de caso no grupo seculus. *In*: ENCONTRO DA ANPAD, 35., 2011, Rio de Janeiro. **Anais** [...]. Rio de Janeiro, 2011.

CAPELÃO, F. Relações de poder no processo de sucessão em empresas familiares: o caso das indústrias Filizola S.A. **Organização e Sociedade**, [s. l.], v. 7, n. 18, p. 141-155, 2000.

CASTRO, L. C.; MORAIS, M. R.; CRUBELLATE, J. M. Atitudes e comportamentos da cúpula e os processos de profissionalização, formalização estrutural e sucessão em empresas familiares: um estudo exploratório. *In*: ENCONTRO DA ANPAD, 25., 2001, Campinas. **Anais** [...]. Campinas: ANPAD, 2001.

CESARINO, C. B. *et al*. Prevenção e Progressão da Doença Renal Crônica: Atuação do Enfermeiro com Diabéticos e Hipertensos. **Revista Enfermagem UERJ**, [s. l.], v. 18, n. 2, p. 291-297, abr./ jun. 2010.

DAVEL, E. P. B.; VASCONCELOS, J. G. M. Gerência e autoridade nas empresas brasileiras: uma reflexão histórica e empírica sobre a dimensão paterna nas relações de trabalho. In: MOTTA, F. C. P.; CALDAS, M. P. **Cultura organizacional e cultura brasileira**. 1. ed. São Paulo: Atlas, 2011. p. 94-110.

FERREIRA, P. A.; LOURENÇO, C. D. S.; OLIVEIRA, V. A. R. O antes e o depois do processo de sucessão: uma análise fundamentada nos tipos de dominação weberianos. In: ENCONTRO DA ANPAD, 34., 2010, Rio de Janeiro. **Anais** [...]. Rio de Janeiro: ANPAD, 2010.

FREITAS, A. C. P. **Espiritualidade e sentido de vida na velhice tardia**. 2010. 203f. Dissertação (Mestrado em Ciências da Religião) – Pontifícia Universidade Católica de Minas, Belo Horizonte, 2010.

FREITAS, M. E. Cultura organizacional: o doce controle no clube dos raros. In: MOTTA, F. C. P.; CALDAS, M. P. **Cultura organizacional e cultura brasileira**. 1. ed. São Paulo: Atlas, 2011. p. 293-304.

FREYRE, G. **Casa grande e senzala**. 47. ed. São Paulo: Global, 2003.

GERSICK, K. E. et al. **De geração para geração**: ciclo de vida da empresa familiar. 2. ed. São Paulo: Negócio, 1997.

GIL, A. C. **Como elaborar projetos e pesquisa**. 3. ed. São Paulo. Atlas, 1995.

GONÇALVES, J. S. R. C. As Empresas Familiares no Brasil. **ERA Light**, [s. l.], v. 7, n. 1, p. 7-12, jan./mar. 2000.

GOODE, W. J.; HATT, P. K. **Métodos em pesquisa social**. 5. ed. São Paulo: Companhia Editora Nacional, 1979.

GRICIO, T. C.; KUSUMOTA, L.; CÂNDIDO, M. L. Percepções e conhecimentos de pacientes com doença renal crônica em tratamento conservador. **Revista Eletrônica de Enfermagem**, [s. l.], v. 11, n. 4, p. 884-893. 2009.

GRZYBOVSKI, D.; HOFFMANN, P. Z.; MUHL, E. Estratégia e Sucessão na Gestão de Familiares: um Estudo de Caso Gerdau. In: ENCONTRO DE ESTUDOS ORGANIZACIONAIS DA ANPAD, 5., 2008, Belo Horizonte. **Anais** [...]. Belo Horizonte: ANPAD, 2008.

GRZYBOVSKI, D.; OLIVEIRA, A. B. Modelos de Análise de Crescimento e Desenvolvimento de Empresas Familiares. *In*: ENCONTRO DE ESTUDOS ORGANIZACIONAIS, 4., 2006, Rio de Janeiro. **Anais** [...]. Rio de Janeiro, [s. n.]. 2006.

HOLANDA, S. B. **Raízes do Brasil**. 26. ed. São Paulo: Companhia Das Letras, 1999.

JUNQUILHO, G. S. *et al*. A "indesejável" sucessão entre "ex-camelôs" do shopping Oiapoque. *In*: ENCONTRO DA ANPAD, 31., 2007, Rio de Janeiro. **Anais**. Rio de Janeiro: ANPAD, 2007.

JUNIOR, A. P. Florestan Fernandes e o conceito de patrimonialismo na compreensão do Brasil. **Plural**, [s. l.], v. 19, n. 2, p. 9-27, 2012.

LACERDA, M. B. **Colonização dos corpos**: ensaio sobre o público e o privado. Patriarcalismo, patrimonialismo, personalismo e violência contra as mulheres na formação do Brasil. 2010. Dissertação (Mestrado em Direito) – Pontifícia Universidade Católica do Rio de Janeiro, Rio de Janeiro, 2010.

LAMBRECHT, J. Multigenerational transition in family businesses: a new explanatory model. **Family Business Review**, Boston, v. 18, n. 4, p. 267-282, Dec. 2005.

LIMA, J. B.; BORGES, A. F.; CARVALHO, F. P. P. Construção do processo de sucessão em empresas familiares: transmissão gerencial e patrimonial. *In:* ENCONTRO DA ANPAD, 31., 2007, Rio de Janeiro. **Anais** [...]. Rio de Janeiro: ANPAD, 2007.

LÜDKE, M.; ANDRÉ, M. **Pesquisa em educação**: abordagens qualitativas. São Paulo: Editora Pedagógica e Universitária Ltda, 1986.

MARTINS, H. F. A ética do patrimonialismo e a modernização da administração pública brasileira. *In*: MOTTA, F. C. P.; CALDAS, M. P. **Cultura organizacional e cultura brasileira**. 1. ed. São Paulo: Atlas, 2011. p. 171-183.

MEIHY, J. C. S. B.; RIBEIRO, S. L. S. **Guia prático de história oral**. São Paulo: Editora Contexto, 2011.

MICHEL, M. H. **Metodologia e pesquisa científica em ciências sociais**. 2. ed. São Paulo: Atlas, 2009.

MINTZBERG, H. **Criando organizações eficazes**. São Paulo: Atlas, 1995.

MOTTA, F. C. P. Cultura e Organizações no Brasil. *In*: MOTTA, F. C. P.; CALDAS, M. P. **Cultura organizacional e cultura brasileira**. 1. ed. São Paulo: Atlas, 2011. p. 25-37.

MOTTA, F. C. P.; CALDAS, M. P. **Cultura organizacional e cultura brasileira**. 1. ed. São Paulo: Atlas, 2011.

MUSSI, F. B.; TEIXEIRA, R. M.; MASSUKADO, M. S. A Empresa Familiar e a Sucessão na Interpretação do Herdeiro. *In*: ENCONTRO DE ESTUDOS ORGANIZACIONAIS DA ANPAD, 5., 2008. **Anais** [...]. Belo Horizonte: ANPAD, 2008.

NISBETT, J.; WATT, J. Case Study. Redguide 26: guides in educational research. **University of Nottingham School of Educations**, London, v. 79, 1978.

PEREIRA, A. C. S.; ROSCOE, M. T. A.; VIEIRA, A. Sucessão do mito organizacional: estudo de caso em uma empresa familiar. *In*: ENCONTRO DA ANPAD, 36., 2012, Rio de Janeiro. **Anais** [...]. Rio de Janeiro: ANPAD, 2012.

PEREIRA, L. C. B. **Empresários e administradores no Brasil**. São Paulo: Brasiliense, 1974.

PEREIRA, L. C. B.; MOTTA, F. C. P. **Introdução à organização burocrática**. São Paulo: Brasiliense, 1987.

SANDRONI, P. **Dicionário de Economia**. São Paulo: Best-Seller: Nova Cultural, 1987.

STAFFORD, K. *et al*. A Research model of sustainable family businesses. **Family Business Review**, [s. l.], v. 12, n. 3, p. 197-208, set. 1999.

STAKE, R. Cases Studies. *In*: DENZIN, N. K.; LINCOLN, Y. S. (ed.). **Handbook of qualitative research**. 2. ed. Thousand Oaks: Sage Publications, 2000. p. 435-454.

VENTURA, M. M. O estudo de caso como modalidade de pesquisa. **Revista SoCERJ**, [s. *l.*], v. 20, n. 5, p. 383-386, 2007.

VIZEU, F. (Re)contando a velha história: reflexões sobre a gênese do management. **Revista de Administração Contemporânea**, [s. *l.*], v. 14, p. 780-797, 2010.

VIZEU, F. Rural heritage of early Brazilian industrialists: its impact on managerial orientation. **Brazilian Administration Review**, [s. *l.*], v. 8, n. 1, p. 68-85, 2011.

YIN, R. K. **Estudo de caso**: planejamento e métodos. 2. ed. Porto Alegre: Bookman, 2001.

WEBER, M. **Economia e sociedade**: fundamentos da sociologia compreensiva. Brasília: Editora UnB, 2004. v. 2.